아이******아는
디지털 문방구

아이패드로 시작하는
디지털 문방구

1판 1쇄 발행 2024년 6월 1일

지은이 쿠(구현정)
펴낸이 장성두
펴낸곳 주식회사 제이펍

출판신고 2009년 11월 10일 제406-2009-000087호
주소 경기도 파주시 회동길 159 3층 / **전화** 070-8201-9010 / **팩스** 02-6280-0405
홈페이지 www.jpub.kr / **투고** submit@jpub.kr / **독자문의** help@jpub.kr / **교재문의** textbook@jpub.kr

소통기획부 김정준, 이상복, 안수정, 박재인, 송영화, 김은미, 배인혜, 권유라, 나준섭
소통지원부 민지환, 이승환, 김정미, 서세원 / **디자인부** 이민숙, 최병찬

기획 및 진행 배인혜 / **표지 및 내지 디자인** nu:n
용지 타라유통 / **인쇄** 한길프린테크 / **제본** 일진제책사

ISBN 979-11-93926-25-3 (13000)
책값은 뒤표지에 있습니다.

제이펍은 여러분의 아이디어와 원고를 기다리고 있습니다. 책으로 펴내고자 하는 아이디어나 원고가 있는 분께서는
책의 간단한 개요와 차례, 구성과 지은이/옮긴이 약력 등을 메일(submit@jpub.kr)로 보내 주세요.

아이패드로 시작하는
디지털 문방구

쿠KOOO 지음

Jpub
제이펍

낮에는 회사에서 열심히 일하고

늦은 저녁, 퇴근과 동시에 또 출근을 해요.

아이패드 하나만 챙겨서 말이죠.

시작해볼까!

저와 함께 N잡러에 도전해 볼까요?

Chapter 3 프로크리에이트 기본 익히기

베이직 메모지 세트 (166쪽)

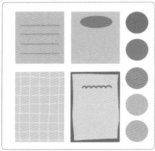

캐릭터 감정 스티커 (183쪽)

사진을 활용한 데일리 스티커 (199쪽) 만년형 먼슬리 페이지 (226쪽)

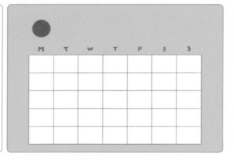

신년형 먼슬리 다이어리 (242쪽)

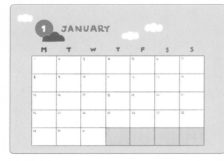

캘린더 커버 페이지 (257쪽)

스티커 썸네일 (300쪽)

템플릿 썸네일 (305쪽)

스토리 꾸미기 (315쪽)　먼슬리 꾸미기 (324쪽)

위클리 꾸미기 (325쪽)

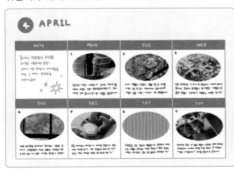

데일리 꾸미기 (328쪽)

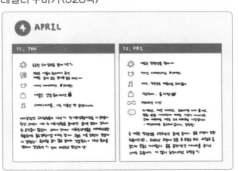

TALK

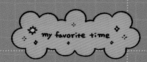

my favorite time

mocha

모카가 가장 좋아하는 시간

with YOU

BEST FRIEND

취미 생활로
N잡러가 될 수 있다

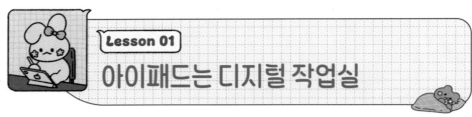

Lesson 01
아이패드는 디지털 작업실

여러분은 그림 그리기를 좋아하나요? 많은 사람들의 취미 생활인 디지털 드로잉! 아이패드만 있다면 카페, 집 어디든 디지털 작업실이 될 수 있습니다. 취미 생활에서 시작된 N잡러 이야기를 소개합니다.

🎨 번아웃이 온 디자이너

너 꼭 디자이너 같아!

중학교 2학년 쯤, 라벨지에 마커로 그려 엉성한 곰돌이 스티커를 만들었습니다. 친구에게 선물하니 "와, 진짜 귀엽다! 너 꼭 디자이너 같아!"라고 말했죠. 고맙다는 뜻에서 이야기 했을 말 한마디 덕분에 진로가 정해진 순간이었습니다. 사실 디자이너가 정확히 어떤 일을 하는지, 그리고 세상엔 얼마나 다양한 종류의 디자이너가 있는지 그 당시에는 아무것도 몰랐지만 그때부터 제 꿈은 디자이너가 되었습니다. 내가 좋아하는 것들을 마음껏 그리고 만들 수 있다는 상상만 해도 벅차게 즐거웠습니다.

그런데 N년차 진짜 **디자이너**로 일하면서 제가 가장 많이 했던 말은 "요청 사항을 반영해 디자인했습니다. 피드백 주시면 수정하겠습니다."입니다. 직장인의 역할을 수행해야 하는 디자이너가 된 저는 클라이언트의 요청을 최대한 반영해 합리적인 결과물을 만들어내는 것이 옳다는 사실을 머리로는 알고 있었습니다. 그런데 가끔은 그 과정들이 마치 누군가 입력 버튼을 꾹 누르면 뚝딱 만들어야 하는 **로봇**이 된 것처럼 느꼈습니다. 제가 하는 업무의 대부분이 최종 확인자의 결정에 따라 완성되었기 때문입니다.

열심히 고민한 디자인으로 극찬받을 때도 있었지만, 어느 날은 노력했던 모든 작업물을 다 엎고 처음부터 다시 시작하기도 했습니다. 때로는 디자인 요소의 형태부터 위치와 컬러까지 옆에서 골라주는 대로 그저 붙여넣어야 하는 순간도 있었습니다. 처음 디자이너가 되고 싶다고 결심했을 때 꿈꾸던 것들과 조금씩 어긋나는 현실을 느끼며, 디자인 공장이 된 것처럼 일을 해치우면서 조금씩 지쳐갔습니다. 꿈꿨던 컬러풀한 세상이 어느새 회색빛이 되어갔던 거죠.

현생을 버티기 위해 놓지 않은 드로잉

그럼에도 회색빛인 하루하루를 계속 버틸 수 있었던 이유는 좋아하는 드로잉을 놓지 않았기 때문입니다. 퇴근 후에는 여전히 중학생 시절처럼, 라벨지에 마커로 엉성한 곰돌이를 그렸습니다. 처음부터 끝까지 내가 원하는 대로 완성한 그림들로 하루하루를 기록하는 일에 즐거움을 느꼈습니다.

 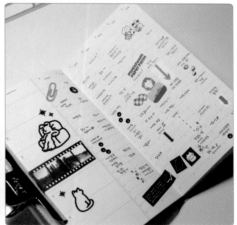

좋아하는 스티커로 일기장을 꾸몄어요

취향을 듬뿍 담은 캐릭터를 만들고 일기장을 채웠어요

나만의 캐릭터를 만들고, 그날그날 기분을 표정으로 그렸습니다. 종종 감정을 고스란히 담은 **일러스트**를 그리기도 했고, 일상에 녹아 있는 소품들을 그리다 정성껏 잘라 **스티커**처럼 다이어리에 붙이기도 했습니다. 수집가처럼 책상 서랍 가득 좋아하는 작가님들의 스티커나 캐릭터 제품들을 모았고 다양한 다이어리를 골라서 썼습니다.

누군가의 최종 확인이나 피드백을 받지 않고 온전히 나만의 취향껏 채워가는 그 시간들이 정말 즐거웠습니다. 그렇게 퇴근 후 취미 생활은 회색빛처럼 느껴졌던 일상에 조금씩 활력을 불어넣어 줬습니다. 꾸준한 취미 생활 덕분에 저의 삶은 조금씩 색깔을 되찾고 있었습니다.

취미 생활이 확장되다

그러던 중 첫 아이패드를 만났습니다. 정말 신세계 그 자체였죠! 그때는 아이패드가 지금처럼 대중화되어 있지 않았던 터라 어색한 기능도 있었지만 사실 큰 문제는 아니었습니다. 여러 다이어리, 스티커, 펜들로 어지러웠던 책상을 깨끗하게 정리하고 아이패드 하나만 책상 위에 올려놓으면 모든 걸 기록하고 꾸밀 수 있었습니다.

원하는 브러시로 사이즈, 컬러, 스타일까지 취향껏 그릴 수 있는 건 물론이고, 몇 번의 터치로 금방 수정할 수 있었습니다. 실수하거나 망쳐도 다시 리셋하면 끝나는 일이었죠. 그러다 보니 수정하기 어렵거나 잘 그려야 한다는 부담감이 있던 실제 드로잉들과는 다르게 가벼운 마음으로 할 수 있었습니다.

아이패드를 통해 얻게 된 높은 자유도와 빠르고 쉬운 수정 기능 덕분에 더 다양한 스타일의 드로잉을 하기 시작했고, 단순히 드로잉에서 그치지 않고 제가 원하는 방식으로 취미를 확장할 수 있었습니다. 제가 느꼈던 취미 생활의 한계점이 부서진 것이죠. 단순한 드로잉을 벗어나 다이어리를 만들고 꾸미는 것까지 아이패드로 하기 시작했습니다. 삐뚤삐뚤해도 괜찮고 어긋나도 괜찮았습니다. 다른 사람이 아니라 나의 마음에만 들면 됐으니까요. 그렇게 더 다양한 드로잉과 기록들을 만들어갈 수 있었습니다. 아이패드 단 하나로!

저도 다이어리 쓰고 싶어요

취향껏 그린 아이패드 드로잉과 내 마음대로 기록한 다이어리들이 차곡차곡 쌓이는 일이 제겐 너무 뿌듯한 일이었습니다. 마음에 쏙 들었고 오늘의 목표를 달성했다는 기쁨도 생겼습니다. 그때부터 혼자서만 하던 취미 생활을 SNS에 공유하기 시작했습니다. 단지 '전 이런 기록을 하고 이렇게 그리는 사람이에요.'라는 마음으로요. 소소한 취미 생활이라 별 기대 없이 올렸지만 인스타그램의 게시물에 '좋아요' 하트가 꾹꾹 눌리더니 댓글이 달리기 시작했습니다.

쿠의취향, 2024 취향껏 다이어리

"저도 쓰고 싶은데 어디서 구입할 수 있을까요?"

제 취향을 온전히 담았던 취미 생활인데, 사용하고 싶은 사람들이 있다니 가슴이 두근거렸습니다. 마침 해외에서 인기를 끌던 '디지털 굿즈' 유행이 우리나라에서도 조금씩 시작되고 있었습니다. 특히 아이패드로 디자인한 드로잉 작품들이 사용 방법에 따라 **디지털 스티커**가 되기도 하고, **디지털 메모지**로 쓰이기도 했습니다. 또한 아이패드로 만든 다이어리는 **디지털 템플릿**으로 불렸습니다. 곧 디지털 굿즈를 판매하는 플랫폼이 생겼고 실제 제가 만든 디지털 굿즈를 구입해 주시는 분들도 생겼습니다.

혼자서 즐겼던 취미 생활이 판매할 상품이 되는 세상이 펼쳐진다니 얼마나 신기했는지 모릅니다. 더구나 클라이언트의 디자인 작업을 하는 직장 생활과는 달리, 온전히 나의 취향껏 그리고 만든 것들을 좋아해 주시는 분들이 있구나! 라는 생각이 들었습니다. 점점 다양한 디지털 굿즈들을 만들었고 구입하는 분들이 늘어났습니다. 그래서 저는 낮에는 직장인으로 열심히 일했고 밤에는 디지털 굿즈 브랜드 **쿠의취향 TASTE OF KOOO**를 운영하는 디지털 문방구의 사장님으로 크리에이터 활동을 시작했습니다. 저의 취향대로 해오던 취미 생활 덕분에 저는 N잡러가 되었습니다.

🖋️ 디지털 문방구의 특징

디지털 굿즈를 판매해요

이제는 제 주변에 아이패드를 쓰는 친구들이 저의 크리에이터 활동에 호기심을 보이면 "도전해 봐! 아이패드만 있으면 되니까!"라고 적극 권장합니다. 아이패드 하나만 있으면 누구든 도전해 볼 수 있는 일이었고 난이도가 높지 않으니까요. 제가 지인들에게 디지털 굿즈로 N잡러가 되라며 적극 권장했던 이유를 말씀드립니다.

우선 우리에게 익숙한 **실물 디자인 굿즈**를 직접 만들어서 판매한다고 가정해 볼까요? 먼저 시안을 만들고, 그 시안을 인쇄 업체에 넘겨 인쇄합니다. 실물 굿즈는 인쇄 방법, 업체, 수량에 따라 **제작비**가 천차만별이죠. 인쇄까지 완료된 제품을 받으면 제품을 소개하는 **상세 이미지**를 제작하고 열심히 홍보해야 합니다. 판매를 하려면 일일이 **포장**을 해야 합니다. 아주 간단한 포장을 위한 OPP 봉투조차 모두 돈이죠. 그 후에 **배송 업체**를 선정하고 고객에게 전달하는 모든 과정에서 인력과 자본이 필요합니다.

게다가 정성스럽게 만든 제품이 모두 완판되면 감사하지만 혹시라도 재고로 남는다면? 그 재고를 쌓아 둘 공간이 필요하죠. 포장 재료도 물론이고요. 결국 보관할 공간도 필요해지고, 그 공간을 위한 관리 비용과 운영 스트레스는 상상 이상으로 쌓이게 됩니다.

그럼 **디지털 굿즈**는 어떨까요? 일단 시안을 만들고 인쇄하는 과정, 포장 후 배송하는 과정이 완전히 생략됩니다. 그저 여러분의 취향껏 그리고 다양한 플랫폼에 업로드하고 판매가 되면 파일을 전달하면 끝입니다. 재고가 쌓일 염려도 없습니다. 인쇄 업체를 알아보기 위한 시간과 노력도, 포장을 하기 위한 재료와 공간도 필요 없습니다. 그리고 싶은 걸 그리고 디지털 드로잉 작품을 판매하면 됩니다.

내가 있는 곳이 작업실!

앞서 말한 것처럼 디지털 굿즈는 포장이나 재고가 없습니다. 제품을 만들고 판매하는 데 정해진 시간이나 장소가 있는 것도 아닙니다. 꼭 주 5일을 채워서 일할 필요도 없습니다.

출근길에 올라탄 버스가, 점심 시간에 쉬던 라운지가, 퇴근 후 들린 카페가 모두 나만의 작업실이 되는 것이죠.

여러분은 **디지털 노마드**라는 단어를 아시나요? 지난 몇 년간 뜨거운 인기를 얻었던 신조어인 디지털 노마드는 '디지털(Digital)'과 '유목민(Nomad)'의 합성어로, 디지털 기기를 이용해 공간의 제약 없이 원하는 시간과 공간에서 일하는 사람들을 말합니다. 내가 원하는 시간, 장소, 방법으로 일할 수 있다는 게 얼마나 매력적인 일인가요? 디지털 굿즈를 만드는 여러분이 바로 디지털 노마드랍니다! 디자인 전공자가 아니어도 괜찮습니다. 디지털 크리에이터는 누구나 될 수 있으니까요!

물론 전문 지식이 부족해서 걱정하는 사람들도 있습니다. "정말로 할 수 있을까요? 디자인은 할 줄도 모르고…" 이런 질문에 전 항상 이렇게 대답합니다. "무엇이든 그리고 싶은 마음만 있다면, 당신만의 오롯한 취향으로 만들 수 있는 것들이 있다면 충분하다"고 말이죠.

우리가 원하는 그림은 미술관에서 볼 법한 근사한 작품들이 아닙니다. 미술 전공자처럼 인체 해부학을 공부하며 8등신의 미인을 굳이 그려야 할 필요도 없습니다. 여러분의 눈앞에 있는 것들을 빼뚤빼뚤하게라도 그릴 수 있다면, 평소 좋아하는 동물을 자신만의 방법으로 표현할 수 있다면 이미 크리에이터가 될 준비가 끝난 거죠.

저 역시 처음부터 판매할 목적으로 부담감을 느끼며 그린 그림이 아니라 '내가 그릴 수 있는 그림'으로 시작했고, 잘 만든 다이어리가 아니라 '내가 쓰고 싶은 방식으로 만든 다이어리'를 만들었습니다. 만약 정말 잘 그리고 싶었다면, 그래서 근사한 작품을 만들고 싶었다면 영영 시작도 못했을 거라고 생각합니다. 여러분의 아이패드에 잠들어 있는 낙서들이나 평소에 그리고 싶었던 **상상 속 그림들**이 모두 디지털 굿즈가 될 수 있습니다!

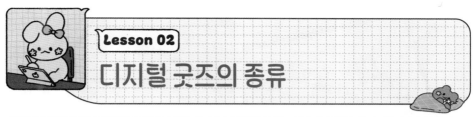

Lesson 02
디지털 굿즈의 종류

여러분은 디지털 굿즈에 대해서 얼마나 알고있나요? 디지털 굿즈는 어떻게 유행하게 되었을까요? 본격적으로 굿즈를 만들기 전에 우선 꾸미기 열풍과 디지털 굿즈의 종류에 대해 간단히 살펴보겠습니다.

별걸 다 꾸민다

요새 꾸미기 놀이가 인기라는 이야기를 들어 보셨나요? **별다꾸**(별걸 다 꾸민다)라는 신조어도 있습니다. 그 정도로 이제는 각자의 취향껏 다양한 방식과 스타일로 일상의 여러 물건을 꾸미고, **퍼스널 브랜딩** 놀이를 하며 SNS에 공유하는 사람들이 많아지고 있습니다. 그 꾸미기 열풍이 자연스럽게 **디지털 굿즈**로 확장되었습니다. 그래서 **디지털 다꾸**(디지털 굿즈로 다이어리 꾸미기), **디지털 폰꾸**(디지털 굿즈로 휴대폰 꾸미기)도 유행합니다.

디지털 다꾸는 그동안 아날로그 다이어리를 꾸미는 활동의 전반을 그대로 디지털로 가져온 것입니다. 그래서 하루를 계획하거나 기록하고 원하는 스티커들로 꾸미고 채우는 '다이어리 꾸미기'라는 사실은 동일합니다. 그러나 디지털 다꾸에서 업그레이드된 장점도 있습니다. 우선은 기록하고자 하는 내용에 따라 세부적으로 최적화된 템플릿들이 더욱 다양해지고 있으며, 그런 템플릿들을 자신의 입맛에 따라 골라서 구입하고 사용할 수 있다는 점입니다. 스티커 또한 아날로그 방식과 다르게 원하는 방식으로 사이즈를 조절하며 제한 없이 사용할 수 있습니다.

쿠의취향 다이어리도 디지털 굿즈랍니다

디지털 템플릿

디지털 템플릿은 어도비 툴(일러스트레이터, 포토샵, 인디자인 등), 키노트, PPT 등 다양한 프로그램을 통해 만든 PDF 확장자 기반 디지털 파일입니다. 아날로그로 기록하는 실물 다이어리처럼 여러 페이지로 구성되며 기록하려는 내용에 따라 원하는 템플릿을 고른 후 굿노트, 노타빌리티 등의 필기 앱에서 PDF를 불러와 꾸미고 기록할 수 있습니다.

쿠의취향 플레인 플래너는 기본에 충실하게 만들었어요

디지털 스티커

디지털 스티커는 일러스트레이터, 포토샵, 키노트, 프로크리에이트 등 다양한 드로잉 프로그램을 통해 만든 PNG 혹은 JPG 확장자 기반의 디지털 파일입니다. 종류는 캐릭터 스티커, 사진 스티커, 프레임 스티커, 메모지, 마스킹 테이프 등 다양하며, 굿노트 등 필기 앱에서 디지털 템플릿을 꾸밀 수 있습니다.

쿠의취향의 무료 스티커와 하트하트해요 스티커

	디지털 템플릿	디지털 스티커
종류	다이어리 속지	캐릭터 스티커, 사진 스티커, 프레임 스티커, 메모지, 마스킹 테이프 등
확장자	PDF	PNG, JPG

📱 폰 꾸미기

실물 굿즈 폰꾸(휴대폰 꾸미기)들이 대부분 휴대폰 케이스에 붙이는 스티커처럼 외관을 꾸미는 것과는 달리 디지털 굿즈 폰꾸는 휴대폰 화면을 꾸밉니다. 따라서 카카오톡처럼 사람들이 자주 쓰는 앱에 적용할 수 있는 테마 혹은 기본 인터페이스에 적용하는 테마 등이 있습니다.

배경화면 및 앱 아이콘

디지털 스티커와 제작 방법이 동일하지만 권장 사이즈에 맞춰 제작된 배경화면과 각 아이콘을 꾸밀 수 있게 정사각형 형태로 제작한 PNG 혹은 JPG 확장자 기반 파일입니다. 배경화면과 앱 아이콘을 세트로 제작한다면 디자인 콘셉트를 동일하게 유지하며 만듭니다.

쿠의취향 X 낼나샵 폰꾸미기 SET

😊 SNS 꾸미기

이제는 SNS로 일상을 공유하는 문화가 자연스럽게 정착했습니다. 그래서 처음에 소개한 디지털 템플릿과 스티커들이 각종 SNS에 최적화된 형태로 공유되기도 합니다.

인스타그램 스토리

인스타그램으로 일상을 빠르게 공유하고 스토리를 통해 다양한 소통을 하기 위한 꾸미기 방법으로서 대표적으로 필터, 인스타그램 내 GIF 검색, 디지털 스티커를 사진으로 추가하는 총 3가지가 있습니다. 여기서 **필터**와 **인스타그램 내 GIF**는 정식으로 등록하려면 각각 별도의 프로그램과 승인 절차를 거쳐야 합니다. 만약 승인 과정 없이 사용하고 싶다면 앞으로 우리가 만들 디지털 스티커를 PNG 파일로 저장하면 됩니다.

프로필 만들기

인스타그램의 스토리 또는 피드를 취미로 꾸미는 것뿐만 아니라 본격적으로 디지털 크리에이터로서 자신의 취향과 개성을 담은 디자인 실력을 뽐내는 사람들도 늘어나고 있습니다. 자신의 SNS 프로필을 꾸미기도 하지만, 더 나아가서 자신이 운영하는 SNS에서 **팔로워 대상 이벤트**를 하거나, **디자인 의뢰 신청 폼**을 열어 두고 주문 의뢰를 받기도 합니다. 일상 속에서 의뢰인이 공감할 수 있는 기분이나 분위기를 담은 드로잉을 제작하거나 의뢰인의 특징을 담은 프로필 캐릭터를 만들 수도 있습니다.

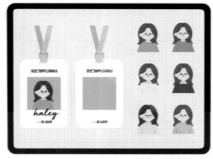

쿠의취향 X 낼나샵 사원증 이벤트

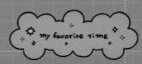

Chapter

2

다양한
디지털 굿즈 플랫폼

Lesson 01
어떤 플랫폼을 고를까?

디지털 굿즈를 제작하기 전에 어떤 플랫폼에서 판매할 수 있는지 먼저 알아보겠습니다. 플랫폼의 종류와 각각의 특징을 알아보고, 자신이 만들고 싶은 디지털 굿즈와 가장 잘 어울리는 플랫폼을 선택해 볼까요?

플랫폼의 종류

국내에서 디지털 굿즈는 계속 성장하는 시장입니다. 그래서 지금은 트렌드가 빠르게 변하고 있습니다. 그렇다 보니 다양한 플랫폼이 생기고 사라지기를 반복하며, 플랫폼마다 더 효율적인 운영을 위한 다양한 업데이트가 진행되고 있습니다. 디지털 굿즈를 판매할 수 있는 플랫폼을 크게 5가지 카테고리로 분류했습니다. 여러분께 디지털 굿즈 N잡러로서 제가 경험한 플랫폼을 소개합니다.

종류	특징	예시
브랜드 스토어	판매자가 직접 모든 과정을 관리하고 운영한다.	네이버 스마트스토어, 개인 운영 사이트, 크티
온/오프라인 쇼핑몰	다양한 카테고리의 온라인, 오프라인 굿즈를 판매한다.	텐바이텐, 아이디어스, 에이블리
디지털 굿즈 전문 쇼핑몰	오로지 디지털 굿즈에 최적화되었다.	위버딩, 하플, 자꾸다꾸
디지털 콘텐츠 블로그	블로그 형식으로 디지털 콘텐츠를 발행하면서 수익화를 할 수 있다.	포스타입
특정 디지털 굿즈 전문 마켓	해당 플랫폼의 디지털 굿즈에 최적화된 디지털 굿즈만 판매할 수 있다.	네이버 OGQ마켓, 카카오 이모티콘샵

플랫폼의 종류가 다양한 만큼 각각의 플랫폼마다 입점 방식, 계약 방법, 운영 및 관리 노하우가 모두 다릅니다. 디지털 굿즈를 만들기도 전에 이 모든 과정을 완벽하게 파악하는 것은 효율적이지도 않으며 힘들기 때문에 직접 부딪히며 경험을 쌓아야 합니다. 그러나 모든 플랫폼에 디지털 굿즈를 일일이 입점하면서 알아볼 수는 없으니, 우선은 몇 가지 상황에 따라 여러분이 만들 디지털 굿즈가 어떤 플랫폼에 어울릴지 고민해 보세요.

상황별 플랫폼 선택 방법

디지털 굿즈를 처음 접해요 (난이도: ★)

디지털 굿즈 만들기에 난생처음 도전한다면 **디지털 굿즈 전문 쇼핑몰** 혹은 **디지털 콘텐츠 블로그**를 추천합니다. 이 둘은 입점하는 방식이 까다롭지 않고 계약 난이도 또한 쉬운 편입니다. 그리고 디지털 굿즈 자체에 최적화된 플랫폼이기 때문에, 브랜드 정보를 입력하고 상품을 업로드하는 전 과정이 비교적 간단하며 인터페이스가 직관적입니다. 게다가 처음부터 높은 퀄리티나 별도의 포트폴리오를 요구하지 않습니다. 따라서 디지털 굿즈를 처음 만든다면 가장 적합한 플랫폼입니다.

굿즈에만 집중하고 싶어요 (난이도: ★★)

굿즈를 만드는 일에만 집중하고 주문이나 발송 등 기타 운영 및 관리에 신경을 쓰기 부담스럽다면 **디지털 굿즈 전문 쇼핑몰**을 추천합니다. 디지털 굿즈는 실물 상품이 아니기 때문에, 실물 상품과 달리 상품을 보관할 물류 창고나 택배 배송 작업은 생략됩니다. 하지만 상품을 구매한 소비자에게 파일 형태의 굿즈를 발송해야 합니다. 그래서 소비자가 주문 시 작성한 이메일이나 휴대폰 연락처로 직접 메일을 받아서 보내거나, 굿즈를 다운로드할 수 있는 링크를 발송하는 등 파일을 공유하는 번거로움을 거쳐야 합니다. 이러한 과정을 생략하면 더 작업에 몰입할 수 있으므로 디지털 굿즈의 장점을 극대화할 수 있습니다. 구매와 다운로드 과정이 동시에 이루어지기 때문에, 구매자와 판매자 모두 편한 방법입니다.

나만의 스토어를 운영하고 싶어요(난이도: ★★★)

굿즈를 판매하는 스토어를 운영하며 할인 행사를 하고, 마케팅도 주도적으로 고민하며 브랜드를 키우고 싶다면 판매자가 직접 모든 과정을 운영하는 **브랜드 스토어**를 추천합니다. 내가 제작한 상품들이 어떤 반응이 있는지, 가격대는 어떻게 조정해야 더 효과적일지 등을 직접 고민할 수 있습니다. 사용자 후기 및 문의 사항 등을 주고받으며 소비자와 직접 소통할 수 있고 내 상품의 장점과 단점, 사용자들의 니즈를 직접 파악할 수 있습니다. 이렇게 소비자와 끈끈한 관계를 형성할 수 있지만 그만큼 많은 시간이 필요합니다. 그래서 처음 디지털 굿즈를 시작하는 단계보다는 이미 제작 및 판매한 경험이 있고, 다양한 SNS 활동을 통해 팬덤을 구축했거나 인지도가 쌓인 분에게 추천합니다.

인지도가 높은 쇼핑몰에 입점하고 싶어요(난이도: ★★★★)

잘 알려진 쇼핑몰에 입점하고 싶다면 다양한 카테고리를 판매하는 **온/오프라인 쇼핑몰** 또는 **특정 디지털 굿즈 전문 마켓**을 추천합니다. 디지털 굿즈 시장이 조금씩 성장하고 있지만, 아직은 기존의 실물 굿즈(오프라인) 시장이 훨씬 크고 소비 규모도 큽니다. 따라서 다양한 상품 카테고리만큼 여러 취향과 니즈가 있는 **온/오프라인 쇼핑몰**을 추천합니다. 만약 디지털 굿즈 중에서도 이모티콘을 만들고 싶다면 네이버 OGQ마켓과 카카오 이모티콘샵처럼 **특정 디지털 굿즈 전문 마켓**을 추천합니다. 이러한 마켓은 카카오, 네이버 등 대기업에서 운영하는 플랫폼입니다. 따라서 소비자가 편하게 접할 수 있기 때문에 접근성이 좋고, 독점적으로 관리를 받을 수 있습니다.

단, 인지도가 높은 쇼핑몰은 입점 시 포트폴리오를 요구받거나 심사 과정에서 탈락할 수 있습니다. 하지만 승인이 된 후에 활동을 활발하게 한다면 그만큼 인지도를 올리기 수월하며 안정적인 마케팅 효과를 누릴 수 있습니다.

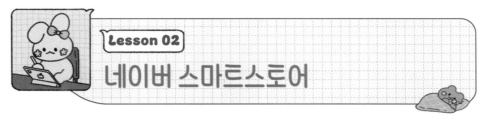

Lesson 02

네이버 스마트스토어

대표적인 브랜드 스토어인 네이버 스마트스토어를 개설하는 방법과 상품을 등록하는 방법을 살펴보겠습니다.
또한 센드맨을 활용해서 디지털 굿즈 상품 판매를 자동화하는 방법도 소개합니다.

네이버 스마트스토어 소개

- 네이버 스마트스토어는 스마트스토어 센터에서 가입할 수 있습니다.

- 계약 유형을 선택 후 안내하는 순서대로 정보를 입력하면 별도 승인 없이 바로 오픈할 수 있습니다.

- 일반 웹사이트처럼 상품 관리부터 전시 및 이벤트 관리까지 모두 가능합니다.

- 번거로운 도메인 연결, PG사 등록 과정이 생략됩니다.

- 네이버 록록을 통해 CS를 받고 응대할 수 있습니다.

- 네이버에서 굿노트 다이어리 등 디지털 굿즈를 판매하면 네이버 쇼핑과 연계되어 노출됩니다.

- 연계되어 있는 마케팅 전문 회사들의 마케팅을 살펴보며 쇼핑몰 운영 경험을 얻을 수 있습니다.

- 주문이 들어오면 직접 디지털 굿즈를 메일로 전달해야 합니다.

 Note. PG사 등록이 뭔가요?

PG(Payment Gateway)는 결제 지불을 대행하는 서비스입니다. 우리가 온라인으로 어떤 물건을 살 때, 팝업 결제 프로그램이 열리고 결제창이 뜨면 가맹점이 어떤 결제 대행사를 이용하고 있는지 뜨는데, 이러한 대행사를 PG사라고 부릅니다.

스토어 개설하기

네이버 스마트스토어를 개설하는 방법을 살펴봅니다. 스토어 개설이 처음이라면 다음의 과정을 살펴보고 용기를 얻어서 스토어를 만들어 볼까요?

01 먼저 네이버 검색창에 **스마트스토어 센터**(https://sell.smartstore.naver.com/)를 검색합니다.

02 네이버 커머스 ID가 있다면 [로그인하기]로 바로 접속합니다. 아직 네이버 커머스 ID 가 없다면 [가입하기]를 클릭하고 안내에 따라 네이버 커버스 ID를 생성합니다.

03 회원가입은 네이버 아이디로 가입하는 방법과 이메일 아이디로 가입하는 방법이 있습니다. 네이버가 아닌 일반 이메일로 가입하면 가입 절차가 더 길고, 무조건 **사업자등록증**이 있는 사업자 회원만 사용할 수 있습니다. 따라서 네이버 아이디로 가입합니다.

🐾 **tip.** 네이버 커머스 ID는 일반 네이버 아이디와 다르게 스마트스토어를 관리할 수 있는 관리자 아이디 라는 개념으로 생각하면 됩니다. 그래서 이미 네이버 아이디가 있다면 연동하여 더 쉽게 가입할 수 있습니다.

04 휴대 전화로 본인 인증을 합니다.

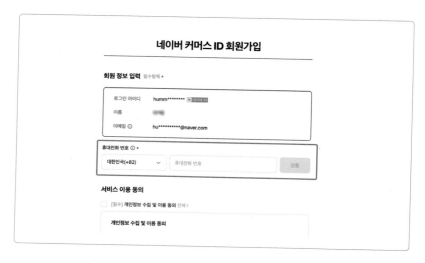

05 서비스 이용 동의를 하고 [가입]을 눌러 주세요.

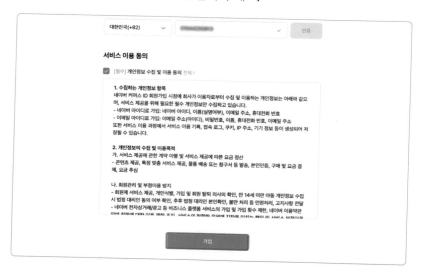

06 네이버 커머스 ID 회원 가입 완료 안내창이 표시되면 잠시 기다려 주세요.

07 잠시 후 2단계 인증 방법 설정 페이지로 이동됩니다. 2단계 인증은 이메일과 휴대 전화 중 선택할 수 있습니다. 인증을 마치고 [확인]을 눌러 주세요.

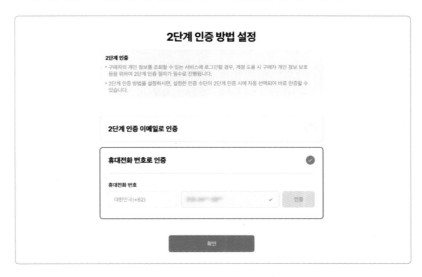

08 판매자 유형을 선택합니다. 판매자 유형은 **개인**, **사업자**, **해외사업자**가 있습니다. 군이 사업자를 등록하지 않아도 가능한 **개인**을 선택하고 [다음]을 누릅니다.

🐻 **tip.** 우리는 개인으로 시작하지만, 네이버 스마트스토어에서 상품 판매를 꾸준히 지속하려면 사업자 등록 및 통신판매신고를 미리 하는 편이 낫습니다. 만약 추후에 직전년도 누적 판매금액 4,800만 원 이상 또는 당해년도 1월 1일부터 누적 판매 금액이 4,400만 원 이상이 된다면 사업자 신고를 반드시 진행해야 합니다. 또한 온라인 판매이므로 통신판매신고도 함께 해야 하는데, 직전년도 구매 확정 수 50건 이상 또는 당해년도 1월 1일부터 누적 구매 확정 수 50건 이상이 기준입니다. 개인 판매자로 가입하고 사업자로 추후에 전환하는 것도 가능합니다. 나중에 사업자 등록을 할 예정이라면 개인 판매자로 가입하고, 스마트스토어센터에 로그인합니다. 그 후에 [판매자 정보] - [판매자 정보변경] - [사업자 전환]의 안내 사항을 확인하세요.

09 휴대 전화 본인 인증을 마치면 아래와 같이 네이버 쇼핑과 네이버 톡톡을 활성화할지 묻는 단계가 나옵니다. 노출 효과와 고객 서비스 응대를 고려하여 모두 활성화하는 것을 권장합니다.

Note. 네이버 쇼핑과 네이버 톡톡이 뭔가요?

- **네이버 쇼핑:** 네이버 쇼핑을 연동하면 네이버가 제공하는 네이버 쇼핑 영역에 상품을 노출할 수 있습니다. 상품을 등록하거나 수정할 때 노출 설정을 선택할 수 있습니다. 단, 네이버 쇼핑으로 유입된 고객이 상품을 구매할 경우 약 2% 정도의 쇼핑 유입 수수료가 부과됩니다.
- **네이버 톡톡:** 네이버 톡톡을 활성화하면 스마트스토어 화면에 톡톡 상담 버튼이 노출됩니다. 톡톡 상담 관리 기능을 활용하면 스마트스토어 센터에서 편리하게 고객을 응대할 수 있습니다.

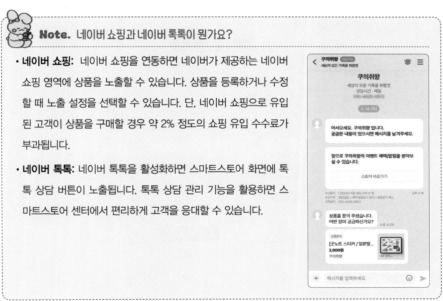

10 약관에 동의 후 [다음]을 눌러 주세요.

11 판매자 정보에 주소를 입력한 후 [다음]을 눌러 주세요.

12 스마트스토어의 이름, URL, 소개글, 고객센터 전화번호까지 인증하고 [다음]을 눌러 주세요.

13 대표 상품 카테고리에서 [디지털/가전]을 선택합니다. 이어서 상품 출고지 주소를 입력해 주세요. 사업장 주소와 동일하게 설정할 수 있습니다.

14 반품 출고지도 상품 출고지처럼 사업장 주소와 동일하게 선택할 수 있습니다.

15 정산 대금의 입금 계좌와 수령 방법을 선택하고 계좌 번호 인증까지 완료해 주세요.

16 담당자 정보를 입력하고 [신청 완료]를 눌러 주세요.

17 회원 가입 완료 메시지를 확인하면 [스마트스토어센터 가기]를 눌러 주세요.

18 별도의 로그인 과정 없이 스마트스토어센터로 이동합니다.

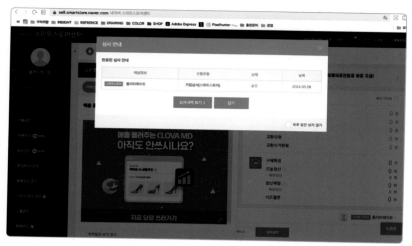

 tip. 처음 스토어를 개설하면 책에서 미처 다 소개하지 못한 여러 팝업창이 순차적으로 뜹니다. 번거로울 수 있지만 팝업의 내용은 반드시 천천히 확인하고, 필요한 사항이 있는지 체크해 주세요!

상품 등록하기

스마트스토어에 상품을 등록하는 방법을 소개합니다. 네이버 스마트스토어는 원래 실물 상품이 주된 플랫폼입니다. 따라서 디지털 상품을 판매할 때는 해당되지 않는 사항도 필수적으로 확인하고 체크해야 하며, 다소 복잡하게 느껴지는 부분이 있을 수 있습니다.

상품을 등록하는 과정을 살펴보고, 네이버 스마트스토어에서 디지털 상품을 판매하려면 어떻게 운영하면 좋을지 파악해 보세요.

01 스마트스토어센터의 좌측 메뉴바에서 [상품관리] - [상품등록]을 눌러 주세요.

02 카테고리는 [디지털/가전>소프트웨어>유틸리티] 입니다.

03 상품명을 입력합니다. 상품명은 구매자에게 검색으로 노출될 수 있도록 굿노트, 스티커, 디지털 스티커 등 중요한 키워드를 포함합니다.

tip. 상품명 검색 품질을 체크하고 가이드라인도 꼭 참고하세요!

04 가격을 설정합니다. 여기서 할인 및 판매기간도 원하면 설정할 수 있습니다.

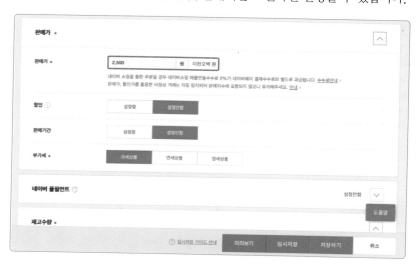

05 재고수량은 디지털 파일이라 상관이 없으니 판매되기를 원하는 숫자만큼 입력합니다.

06 대표 이미지를 등록합니다. 여러 장을 등록하거나 영상을 올릴 수 있습니다.

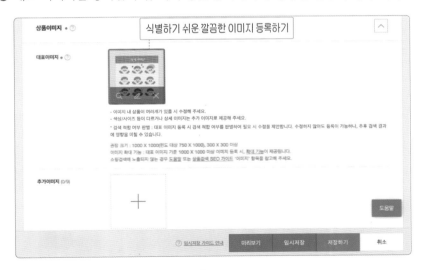

07 상세 설명을 작성하기 위해 Smart editor one(https://smarteditor.naver.com/)으로 작성 버튼을 눌러 주세요. 상세 이미지와 내용을 업로드 후 우측 상단의 [등록]을 눌러 주세요.

08 상품 주요 정보에서 브랜드는 [자체제작상품]을 선택해 주세요.

09 상품정보제공고시는 상품군을 [디지털콘텐츠]로 설정 후 [상품상세 참조로 전체 입력]을 활성화합니다. 만약 상품 상세에 해당 내용이 없다면 작성해야 합니다.

10 배송은 [직접 배송]을 선택합니다.

tip. 50쪽에서 소개하는 자동화 서비스를 이용려면 [오늘출발]을 선택해 주세요.

11 묶음 배송은 [불가]를 선택해 주세요.

12 반품 및 교환 배송비는 0원으로 설정해 주세요.

13 AS 전화번호와 안내사항을 작성해 주세요. 상품 문의를 응대해야 하기 때문에 반드시 유효한 연락처가 필요합니다.

14 노출 채널은 [네이버쇼핑]을 꼭 선택해 주세요.

15 입력이 끝나면 [저장하기]를 눌러서 상품 등록을 마칩니다.

디지털 상품 판매 자동화하기

디지털 굿즈 전문 쇼핑몰은 예외지만, 디지털 굿즈를 판매하려면 소비자에게 개별 메일 혹은 카톡으로 직접 전달함이 원칙인 경우가 많습니다. 빠르게 상품을 수령하고 싶은 소비자의 니즈에 맞게, 구입 시 자동으로 상품 메일을 발송할 수 있는 **센드맨** 서비스와 연동되도록 디지털 굿즈 판매 자동화를 설정해 보겠습니다.

센드맨 가입하고 스마트스토어 연동하기

01 센드맨 사이트(https://sendman.xyz)에 접속하고 우측 상단의 [시작하기]를 눌러 주세요.

02 간편하게 [카카오 로그인]으로 회원가입을 합니다.

03 새로운 스토어를 추가합니다. **스토어명**을 입력하고, **발송 수단**을 선택하세요. 발송 수단
에 따라 세부 입력 항목이 달라지는데 간편하게 **카카오톡**을 선택하겠습니다. 이제 [저
장]을 눌러 주세요.

04 플랫폼 연동하기의 [연동하기]를 눌러 주세요.

05 네이버의 [스마트스토어]를 눌러 주세요.

06 스마트스토어 연동을 활성화하면 연동 방법이 나옵니다. 여기서 **1단계: 커머스API 계정 생성 하기**의 옆에 있는 ⤴ 버튼을 눌러 주세요.

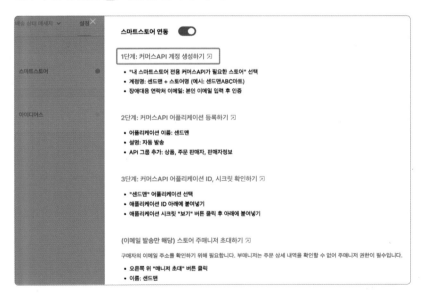

07 새로운 창으로 네이버 커머스 API센터 화면이 표시됩니다. [내 스마트스토어 전용 커머스 API가 필요한 스토어]를 선택해 주세요.

08 로그인 페이지가 뜨면 사전에 가입한 네이버 커머스 ID로 로그인합니다.

09 개발업체 계정명에 센드맨에서 입력한 브랜드명을 입력해 주세요.

10 장애대응 연락처에는 고객 응대가 가능한 이메일 주소를 입력하고 인증해 주세요.

11 애플리케이션 등록 페이지로 이동하면 애플리케이션 등록의 [등록하기]를 눌러 주세요.

12 애플리케이션 이름에 센드맨을 쓰고 설명에 알아보기 쉽도록 자동 발송이라고 입력합니다.

13 스크롤을 아래로 내려 전체 API 그룹 중에서 상품, 주문 판매자, 판매자 정보를 [추가] 해 주세요.

14 제일 하단의 [등록]을 누르면 애플리케이션 등록 완료창이 뜹니다. [확인]을 눌러 주세요.

15 네이버 커머스 API 센터에서 애플리케이션 상세 페이지로 이동하고 애플리케이션 ID와
애플리케이션 시크릿 번호를 [복사]해 주세요.

16 다시 센드맨으로 돌아와서 화면 하단에 복사한 애플리케이션 ID와 시크릿 번호를 붙여
넣은 후 [저장]을 눌러 주세요.

17 스마트스토어가 초록색으로 활성화된 것을 확인합니다. 네이버 스마트스토어 연동이 완료되었습니다.

스마트스토어 상품 연동하기

01 센드맨에 로그인을 하고 **자동 발송 켜기**의 [시작하기]를 눌러 주세요.

02 화면 우측의 [상품 정보 불러오기]를 눌러 주세요.

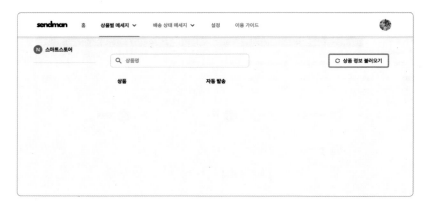

03 상품이 연동되면 판매 중인 리스트를 확인할 수 있습니다. 상품 우측의 **자동 발송**을 활성화합니다.

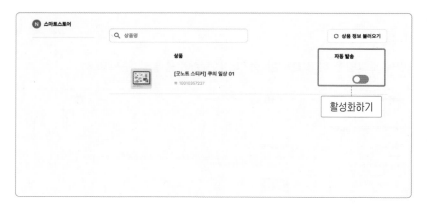

04 미리 작성된 폼이 없다면 상품명 우측에 **빨간색 느낌표**가 활성화됩니다. 느낌표를 눌러 주세요.

05 우측 하단의 [새로운 메세지 템플릿]을 눌러 주세요.

06 제목과 부제목을 입력하세요.

+ 새로운 메세지 템플릿

제목 *

[굿노트 스티커] 쿠의 일상 01

부제목

제목/부제목은 메세지 템플릿을 구분하기 위한 용도이며 실제 메세지에는 포함되지 않습니다.
제목은 상품명, 부제목은 옵션명과 비슷하게 작성하시면 AI가 알맞은 메세지 템플릿을 추천해 드립니다.

브랜드 메세지 >

브랜드 메세지는 한 번 설정하면 모든 메세지 템플릿에 공통적으로 포함됩니다.

쿠의취향

상품 구매한 상품의 이름
옵션 선택한 옵션의 이름

메세지 제목

메세지 내용   (0 / 600자)

07 메세지 제목과 내용을 입력합니다. 옆의 **미리보기**를 확인할 수 있습니다. 자동 발송될 디지털 콘텐츠의 형태를 선택해 주세요. 파일로 발송한다면 **파일**을 선택하고 해당 파일을 첨부합니다.

쿠의취향

상품 구매한 상품의 이름
옵션 선택한 옵션의 이름

홍길동 고객님, 구매해 주셔서 감사합니다

다운로드

문의하기

미리보기

메세지 제목

메세지 내용   (0 / 600자)

디지털 컨텐츠 *

○ 링크   ○ 코드   ● 파일   ○ 없음

일회용 ⓘ ○

파일 선택   선택된 파일 없음

08 콘텐츠를 클릭할 버튼 이름을 정하고 우측 하단의 [저장]을 눌러 주세요.

09 연결된 메세지 템플릿이 표시되며 [자동 발송 켜짐] 상태가 되면 완료입니다.

📋 노출 서비스 관리

디지털 굿즈를 판매할 때 네이버 스마트스토어를 사용하면 네이버에서 제공하는 다양한 서비스와 연계를 하거나 간편하게 해제하는 등 스토어를 효율적으로 운영할 수 있습니다. 대표적인 예시로 **네이버 톡톡**과 **네이버 쇼핑**을 알아보겠습니다.

네이버 스마트스토어 노출 서비스 관리 화면

네이버 톡톡으로 CS 관리하기

네이버 톡톡으로 CS를 관리할 수 있습니다. 여기서 CS란, Customer Service의 약자로 고객 응대 서비스라는 뜻입니다. 쉽게 말하면 우리가 판매하는 상품을 구입한 고객들의 문의 및 불편사항을 해결하는 것으로, 네이버 스마트스토어에선 네이버 톡톡으로 CS를 관리할 수 있습니다. 네이버 톡톡 활성화를 설정하면 상품 페이지의 [구매하기] 아래로 [톡톡문의] 버튼이 표시됩니다. 고객의 입장에서는 궁금한 점을 바로 문의할 수 있어서 편리한 서비스입니다.

만약 네이버 톡톡으로 고객 응대 서비스를 관리하고 싶다면, 네이버 스마트스토어센터의
좌측 메뉴바에서 [톡톡 상담 관리] – [톡톡 상담하기]를 눌러 주세요. 톡톡 상담 페이지로 이동
해서 상담 내역과 아직 대기 중인 상담을 확인할 수 있습니다.

네이버 쇼핑에 노출하기

내 스토어를 네이버 쇼핑과 연동하면 스마트스토어에 올린 상품이 자동으로 네이버 쇼핑에도 노출됩니다. 단, 네이버 쇼핑을 이용해서 소비자가 구입을 한다면 판매 수수료를 더지불해야 합니다. 그래도 쇼핑에 노출되면 키워드 검색을 할 때 네이버 메인 화면에 노출될 수도 있기 때문에 꼭 연동하길 추천합니다.

Lesson 03
텐바이텐

디지털 상품뿐만 아니라 실물 디자인 문구류도 함께 판매하는 쇼핑몰에 입점하고 싶다면 텐바이텐을 추천합니다. 텐바이텐에 입점 신청을 하는 방법과 포트폴리오를 준비하는 방법을 소개합니다.

🖋 텐바이텐 소개

- 텐바이텐 홈페이지 하단의 [입점 문의]로 입점을 신청할 수 있습니다.
- 입점 신청 시 포트폴리오 혹은 운영 중인 홈페이지 등의 정보를 입력해야 합니다.
- 입점 승인이 되면 담당 MD로부터 개별 연락을 받을 수 있습니다.
- 함께 상품 운영 및 배송 등에 대한 상세 정보를 공유하며 계약이 진행됩니다.
- 텐바이텐에서 운영하는 다양한 기획전에 참여할 수 있습니다.
- 주문이 들어올 경우, 직접 디지털 굿즈를 배송해야 합니다.

📋 입점 문의하기

텐바이텐은 **사업자 등록**이 있어야 입점을 문의할 수 있으며, 입점이 승인될 경우 담당 MD 와 개별 이메일로 소통하며 더 자세한 계약을 진행할 수 있습니다.

01 텐바이텐 홈페이지에 접속합니다.

02 최하단으로 이동하고 [입점문의]를 눌러 주세요.

03 회사 정보를 입력합니다. 회사명, 사업자 등록번호, 회사 소개를 입력해 주세요. 운영 중인 쇼핑몰이 있다면 **홈페이지**에 링크를 첨부해 주세요. 만약 바로 상품 확인이 가능하면 승인 확률이 높아집니다.

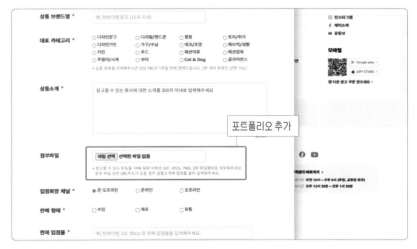

04 이어서 **브랜드명, 카테고리, 상품 소개, 입점 희망 채널** 등을 입력해 주세요. 운영 중인 홈페이지가 없다면 첨부파일로 미리 준비한 **포트폴리오**를 첨부합니다.

🐸 **tip.** 입점 신청에 제출하는 포트폴리오 예시는 71쪽에서 살펴보세요.

05 담당자 정보를 입력해 주세요. 이 정보로 담당 MD와 소통하게 됩니다.

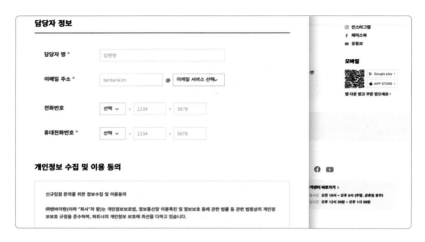

06 개인정보 수집 및 이용 동의 후 [입점신청]을 눌러 주세요. 승인되면 담당 MD가 계약 관련 사항이 작성된 메일을 보내줍니다.

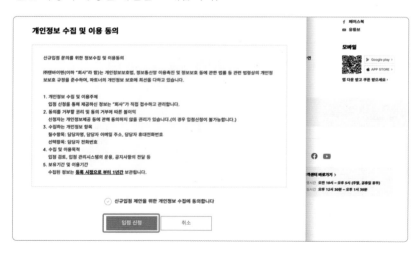

입점 신청과 포트폴리오

입점 신청에서 포트폴리오는 어떤 파일을 제출하면 좋을까요? 여기서 포트폴리오란, 그동안 어떤 작업을 했는지 보여주는 작업물을 10~20페이지 내외의 대표작으로 아카이빙한 것입니다. 흔히 디자인 또는 예술 분야에서는 포트폴리오를 자신의 창작품들을 정리해서 경력 증명서처럼 활용합니다. 쉽게 말하면 내가 어떤 작업을 해왔고, 그래서 어떤 작업을 할 수 있는 사람인지를 소개하는 문서입니다.

솔직히 포트폴리오는 규칙보다는 만드는 사람의 스타일과 직무에 따라 다양한 방식으로 디자인하고 구성할 수 있어 천차만별입니다. 하지만 디지털 굿즈에 한해서, 들어가면 좋은 정보들을 기준으로 포트폴리오 작성법을 간단하게 소개합니다.

1. 커버는 연락처가 잘 보이게 만든다.

커버는 누구의 포트폴리오인지 명확하게 명시합니다. 또한 잘 보이는 곳에 비즈니스를 위한 이메일 연락처를 남깁니다.

2. 자기 소개와 이력은 명료하게 정리한다.

간단한 본인 프로필과 관련 이력을 일목요연하게 작성해 주세요.

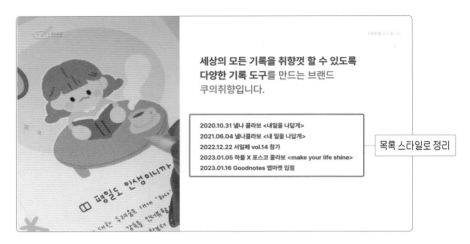

3. 대표작 위주로 깔끔하게 소개한다.

본인의 대표 상품과 핵심적인 경력을 정리하세요.

대표 상품은 상품 설명 페이지를 하나 더 넣어서 이해를 돕습니다.

특히 디지털 굿즈는 소비자가 굿즈를 사용할 때 화면에서 어떻게 보이는지 깔끔한 목업을 활용하면 더 좋습니다.

Note. 텐바이텐 기획전 참가하기

텐바이텐에서는 상품 홍보에 도움이 되는 다양한 기획전이 운영됩니다. 기획전 일정이 정해지면 어드민에 공지되며, 기획전에 참가하고 싶으면 개별적으로 연락해서 신청할 수 있습니다.

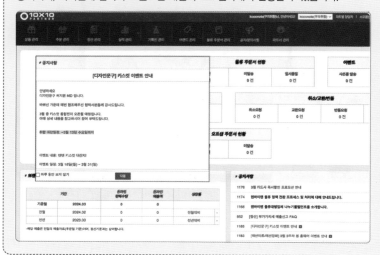

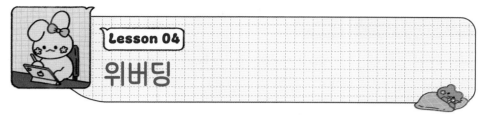

Lesson 04
위버딩

위버딩은 디지털 문구를 전문으로 판매하는 플랫폼입니다. 만약에 나중에 여러분이 굿노트 앱의 마켓에 입점하고 싶다면 위버딩을 추천합니다.

위버딩 소개

- PC 및 모바일에서 사용하기 편리합니다.
- [위버딩 작가 어드민]을 통해 입점 신청할 수 있습니다.
- 입점 승인이 된 경우 위버딩 작가 어드민에 로그인이 가능합니다.
- 다양한 디지털 굿즈들을 업로드할 수 있습니다.
- 상품을 업로드하면 주 1회 심사 후 업로드됩니다.
- 필기 앱 1위, Goodnotes와 콘텐츠 제휴 계약을 체결했기 때문에 위버딩에서 판매 중인 상품 중 기준을 충족하는 경우 Goodnotes 앱 마켓 입점 제안을 받기도 합니다.

위버딩 어드민 가입하기

크리에이터 전용 사이트는 **위버딩 어드민**(https://seller.webudding.com/)으로 크리에이터로 활동하며 상품 등록 및 관리를 할 수 있습니다.

01 사이트의 하단에 [위버딩 작가 입점 신청]을 눌러 주세요.

02 입점 신청을 위해 [시작하기]를 눌러 주세요.

03 로그인 이메일을 입력하고 [이메일 중복 확인]을 합니다. 이어서 비밀번호를 설정하고 [다음으로]를 눌러 주세요.

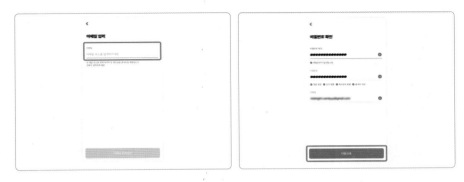

04 입점 형태를 선택합니다. 위버딩은 사업자 등록 여부와 상관없이 입점할 수 있습니다. 디지털 굿즈가 판매될 경우 판매 금액이 정산될 본인의 계좌를 등록합니다.

05 약관에 동의 후 계좌 인증을 위한 휴대 전화 인증을 진행합니다. 휴대전화 인증 후 주민등록번호를 입력해 주세요.

06 실명 인증에 성공했다는 팝업창이 표시되면 [확인]을 눌러 주세요.

07 하단의 [입점 신청하기]를 눌러 주세요.

08 작가 어드민이 가입이 완료되면 이제 [로그인 하러 가기]를 눌러 주세요.

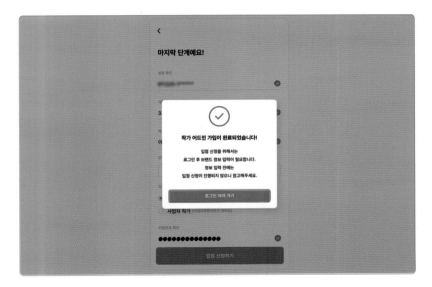

위버딩 입점 신청하기

01 위버딩 어드민 메인 화면에서 가입한 이메일과 비밀번호를 이용해 로그인해 주세요.

02 이제 입점 신청에 필요한 브랜드 정보를 입력해야 합니다. **브랜드명**에 한글과 영문을 모두 입력합니다. **SNS 계정**이 있다면 입력해 주세요. 브랜드 프로필 이미지도 제시된 사이즈에 맞게 등록해 주세요.

03 브랜드 설명과 브랜드를 알릴 수 있는 태그를 작성해 주세요.

04 최종적으로 유의사항을 확인 후 [모두 동의하고 검수 요청하기]를 눌러 주세요. 대략 2~3 영업일 내 심사가 완료됩니다.

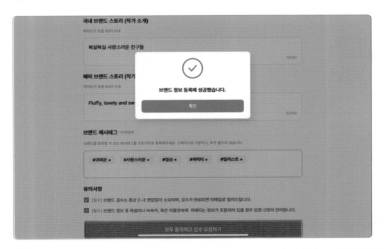

tip. 입점이 반려되면 이메일로 사유를 알려줍니다. 보강하여 재심사를 요청하거나 마이페이지에서 수정하세요.

위버딩에서 판매할 수 있는 디지털 굿즈

위버딩에서는 다양한 디지털 콘텐츠를 판매할 수 있지만 주요 상품은 **디지털 다이어리**, **디지털 플래너**, **디지털 노트**, **디지털 스티커**입니다.

다이어리/플래너	노트	스티커	모바일	폰트
올인원	노트 커버	캐릭터	배경화면	**일러스트**
먼슬리	가로형	식물	카톡 테마(Android)	
위클리	세로형	이모티콘	카톡 테마(IOS)	**e북**
데일리	기획/업무	심플		
스터디	혼합형	컨페티		**PPT템플릿**
비즈니스	외국어/단어장	일상		
건강/다이어트	OMR/오답노트	사진		**캘린더**
일반형	독서/필사	메모		
만년형	체크리스트	글자		**브러쉬**
날짜형	리뷰/레시피	음식		
일상/여행	캘리그라피	데코		**학습자료**
해빗트래커		마스킹테이프		
반려동물		컬러링 북		**무료상품**
가계부		감정		
		옷입히기		

🖊️ 상품 등록하기

위버딩에서 상품을 등록한다면 상품 카테고리에 따라 세부 선택 사항이 달라집니다. 또한 신규 상품은 집필 시기를 기준으로는 매주 수요일에 일괄 검수됩니다. 검수된 상품은 자동으로 **판매중**으로 변경됩니다. 상품 등록이나 관리와 정산에 관련된 모든 정보는 어드민에서 관리할 수 있습니다.

01 위버딩 어드민에 로그인하고 상단 우측의 [신규 상품 등록하기]를 눌러 주세요. **상품 등록하기** 페이지에서 판매용 상품 파일을 업로드해 주세요.

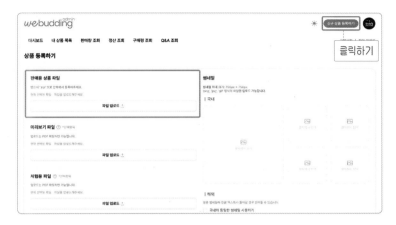

02 판매용 상품 파일은 .zip 확장자만 가능합니다.

03 최대 750 X 750px 사이즈의 썸네일을 등록해 주세요. 해외는 국내와 동일한 썸네일을 등록할 수 있지만 새로운 썸네일로 등록할 수도 있습니다.

04 가격을 입력해 주세요. 상품 요약 설명은 국내와 해외 모두 입력해 주세요. 해외는 영문으로 입력합니다. 상품이 잘 검색될 수 있도록 **해시태그**도 잊지 말고 설정해 주세요.

tip. 정가와 할인가를 같게 설정하려면 동일한 금액을 입력해 주세요.

05 상품의 1차 카테고리와 2차 카테고리를 선택해 주세요. 카테고리에 따라 상품 세부 데이터가 달라지니 내가 등록할 상품에 맞게 선택해 주세요.

카테고리에 따라 상품 세부 데이터 바뀜

06 상품 세부 데이터를 선택해 주세요.

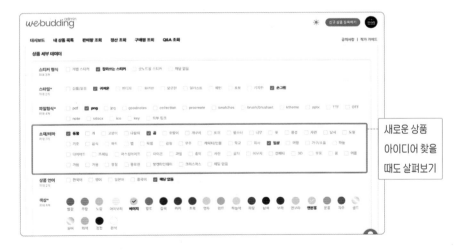

새로운 상품
아이디어 찾을
때도 살펴보기

07 상품 상세 정보를 입력해 주세요.

08 썸네일과 마찬가지로 해외는 새로운 상세 정보를 입력할 수 있습니다.

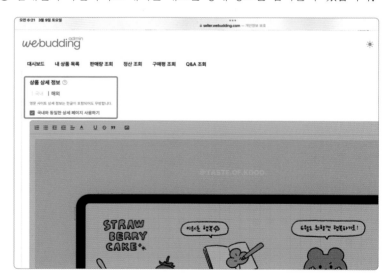

09 상품 등록 시 필수 확인 사항을 읽고 최하단의 [모두 동의하고 검수 요청하기]를 누르면 신규 상품 등록에 성공했다는 팝업창이 나옵니다.

10 우리가 업로드한 상품은 검수 후에 자동으로 **승인 대기**에서 **판매중** 상태로 변경됩니다. 검수 과정에서 수정 사항이 발생할 경우 **승인 반려** 상태가 됩니다.

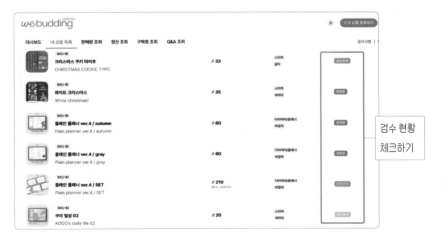

검수 현황
체크하기

📝 굿노트 마켓 입점하기

굿노트는 디지털 굿즈를 사용하기에 최적화된 앱으로 태블릿 필기 앱입니다. 굿노트에는 디지털 굿즈를 바로 구입하고 사용할 수 있는 전용 마켓이 있습니다. 제가 제작한 템플릿도 Goodnotes 앱 마켓에서 구입할 수 있는데, 앱에 어떻게 **입점**하게 되었는지 제가 진행했던 과정을 찬찬히 소개합니다.

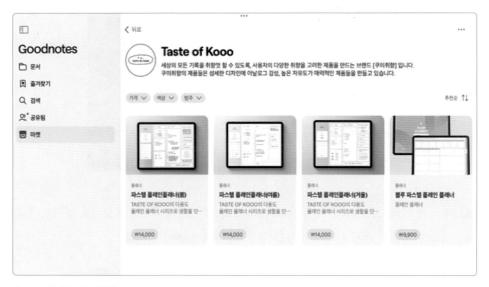

굿노트 X 위버딩 X 쿠의취향

먼저 위버딩 입점 후 제품 등록하기

디지털 굿즈 플랫폼 위버딩에서 판매 중인 상품이 굿노트의 입점 대상이 되기 때문에 우선은 위버딩에 입점을 하고 다양한 제품을 등록해 주세요. 굿노트에서 판매하기 적합한 상품을 위버딩 팀에서 수시로 모니터링한다고 합니다. 위버딩에 입점한 상품 중 굿노트 입점을 위한 상품이 선정되면 위버딩에서 입점 조건과 관련 내용을 담은 **메일**을 받습니다.

Note. 위버딩이 소개하는 굿노트 앱 마켓 입점 기준

Q. 어떤 디지털 굿즈들이 굿노트 앱 마켓에 입점할 수 있나요?

템플릿은 먼슬리, 위클리, 데일리, 플래너(특히 속지가 많은)의 판매량이 많습니다. 단순히 매월, 매주, 매일 기록을 넘어서 운동, 식단 등 다양한 속지로 구성되어 있으면 찾는 사람들이 더 많기 때문에 다양한 구성의 플래너 위주로 살펴보고 있습니다. 스티커도 실용적이면서 활용할 방법이 다양한 스티커가 판매가 잘 됩니다. 해외에서는 간단한 도형 스티커도 많이 판매되며 300 ~ 400개 정도까지 구성하는 스티커 상품들의 판매량도 높은 편입니다.

굿노트 입점 계약하고 추가 디자인 작업하기

위버딩에 입점한 상품 중 **굿노트 입점**을 위한 상품으로 선정되면 위버딩에서 입점 조건과 관련 내용을 담은 메일이 옵니다. 메일 내용을 확인하고 굿노트 앱에서 제품을 확인할 수 있게 안내해주는 사이즈에 맞춘 상세 이미지와 썸네일을 제작해서 전달합니다.

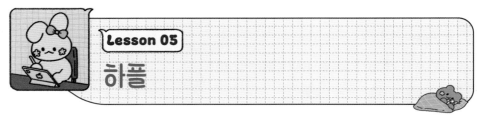

Lesson 05

하플

디지털 굿즈를 직접 사용하면서 판매도 편하게 하고 싶다면 하플을 추천합니다. 다꾸족을 위한 하플 앱과 하플 크리에이터를 위한 하플 스튜디오 앱은 계정을 연동할 수 있습니다. 편리한 보관함 사용법과 제가 하플과 진행했던 콜라보를 소개합니다.

하플 소개

- [하플 스튜디오]로 입점 신청할 수 있습니다.

- 입점 시 대표 상품 등록을 진행하며 대표 상품은 디지털 스티커와 디지털 템플릿 중 선택할 수 있습니다.

- 승인이 된 경우 하플 스튜디오로 로그인이 가능하며 하플 앱과 연동할 수 있습니다.

- 상품은 별도 검수 과정 없이 업로드 할 수 있습니다.

- 상품 업로드시 할인율과 기간 등 다양한 옵션을 선택할 수 있어 자유도가 높습니다.

- 하플 앱과 연동한 계정은 상품 업로드시 상품 불러오기 기능을 통해 보관함에서 사용하던 디지털 굿즈를 별도 업로드 없이 가져올 수 있습니다.

🖋️ 하플 가입하기

01 앱스토어에서 하플을 검색하고 앱을 다운로드합니다.

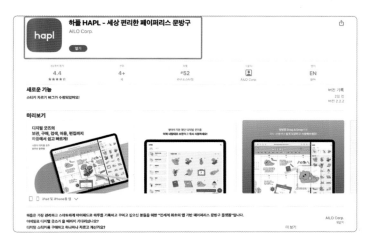

02 하플 앱을 열어 원하는 소셜 계정으로 회원가입을 합니다.

03 필수 약관에 동의 후 [시작하기]를 눌러 주세요.

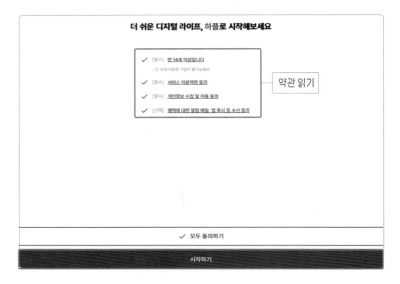

04 닉네임을 설정하고 [다음]을 눌러 주세요.

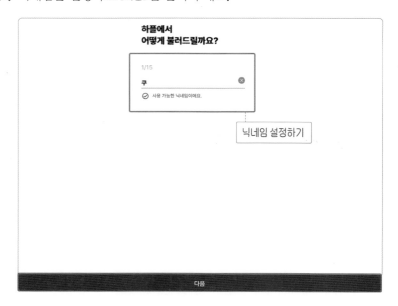

05 가입이 완료되면 [하플 시작하기]를 눌러 주세요.

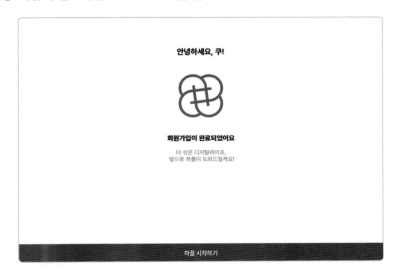

06 보관함 페이지로 이동하면 앱 가입 완료입니다.

🗂 보관함 사용하기

하플 앱의 보관함은 디지털 굿즈를 보관할 수 있는 기능으로 드래그 앤 드롭을 하면 다양한 앱에서 디지털 굿즈를 사용할 수 있습니다. 또한 **자르기** 기능으로 스티커를 자유롭게 편집할 수 있기 때문에 내가 만든 디지털 굿즈뿐만 아니라 다양한 사진과 굿즈를 저장하고 사용할 수 있습니다.

폴더를 만들어 스티커 잘라 저장하기

01 하플 보관함 화면에서 우측 하단의 [+] 버튼을 눌러 [폴더만들기]를 선택합니다.

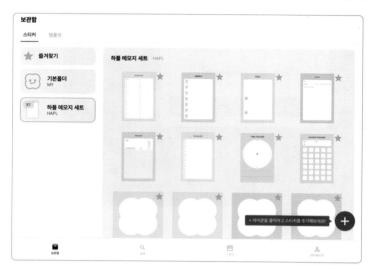

02 원하는 폴더명을 입력하고 [새로운 폴더 만들기]를 눌러 주세요.

03 만들어진 폴더에 [스티커 추가하기]를 누르면 앨범이 열립니다. 스티커로 저장하고 싶은 이미지를 선택합니다.

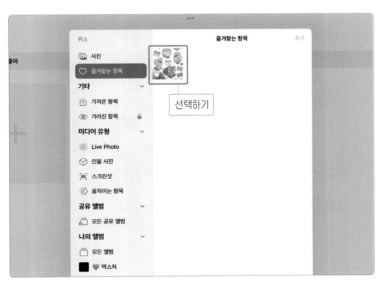

04 원하는 이미지를 선택하면 **등록하기** 페이지로 이동합니다. 선택한 스티커 하단의
[스티커 자르기]를 눌러 주세요.

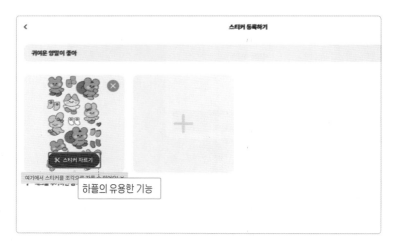

05 스티커 자르기 페이지로 이동합니다.

06 우측의 확대 / 축소 기능으로 원하는 사이즈만큼 조절합니다.

사이즈 조절

07 자르고 싶은 부분을 선택해 자르고 [완료] 합니다.

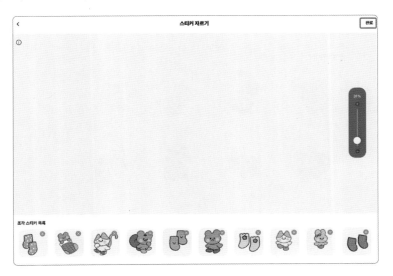

08 자른 스티커들이 목록에 추가되면 하단의 [완료]를 눌러 주세요.

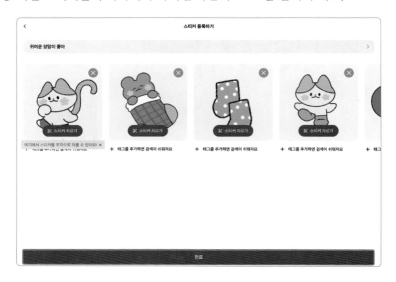

09 업로드가 완료되면 보관함에서 확인할 수 있습니다.

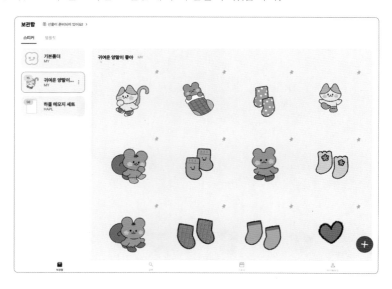

저장한 스티커 사용하기

보관함에 저장된 스티커는 여러 앱에서 드래그 앤 드롭으로 편하게 사용할 수 있습니다.

01 하플 앱을 실행하고 **보관함**을 열어 주세요.

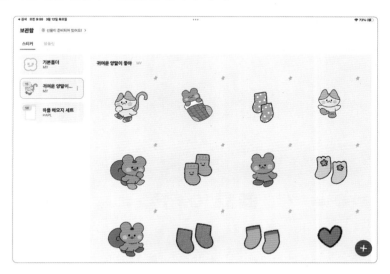

02 최상단의 [⋯] 버튼을 눌러 [Split View]를 선택해 주세요.

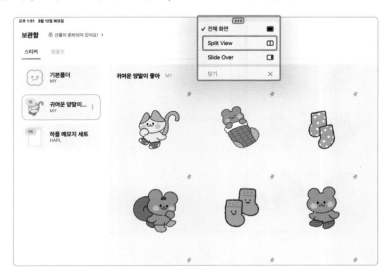

03 보고 있던 하플 앱이 좌측으로 밀려나고 앱을 선택할 수 있도록 화면이 뜹니다.

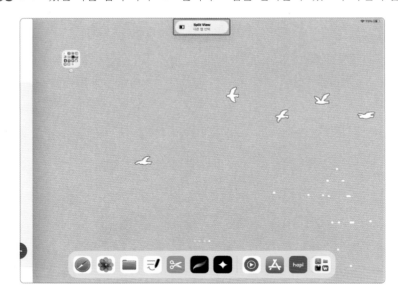

04 굿노트 앱을 눌러 실행하면 아이패드의 화면이 반반으로 나뉩니다.

05 사용하고 싶은 스티커를 하플 앱에서 드래그하여 굿노트에 옮기면 됩니다.

📓 하플 스튜디오 가입하기

하플 스튜디오는 하플 크리에이터 전용 앱이며, 상품을 등록 및 판매할 수 있습니다.

01 먼저 앱스토어에서 하플 스튜디오를 검색해 주세요. 로그인 페이지(https://admin. hapl.shop/login/)에서 [하플 크리에이터 가입하기]를 눌러 주세요.

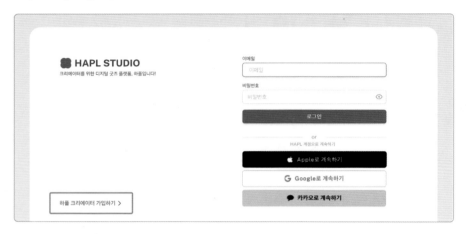

02 서비스 이용 약관을 확인하고 동의 후 [다음]을 눌러 주세요.

03 기본 정보를 입력하고 휴대폰 번호 인증을 진행해 주세요. 이어서 로그인할 때 사용할 이메일과 비밀번호를 입력 후 [다음]을 눌러 주세요.

04 회원 가입이 완료되면 이제 대표 상품을 등록해 크리에이터를 신청할 수 있습니다.

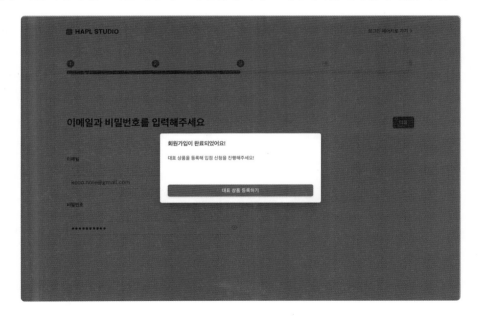

🖋️ 스튜디오에 대표 상품 등록하기

회원 가입 후 대표 상품을 등록하고 심사가 완료되면 크리에이터로 활동할 수 있습니다.

대표 상품은 디지털 스티커 또는 디지털 템플릿 중 하나를 선택해 입점 신청할 수 있습니다.

대표 상품을 등록하는 과정은 2가지가 비슷합니다. 하나씩 차근차근 살펴보겠습니다.

디지털 스티커를 대표 상품으로 제출하기

01 브랜드명을 한글, 영문으로 각각 입력해 주세요.

02 디지털 스티커를 선택해 주세요.

03 상품명은 한글, 영문으로 각각 입력해 주세요. 카테고리는 최대 3개까지 선택 가능하며, 내가 등록하는 디지털 스티커를 대표할 수 있는 카테고리를 선택해 주세요.

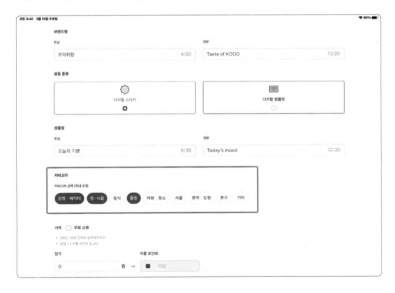

04 가격과 할인율, 할인 기간까지 자유롭게 설정할 수 있습니다. 또한 무료라면 상단의
[무료상품]을 체크해 주세요.

05 나의 상품이 잘 검색될 수 있도록 태그를 설정해 주세요.

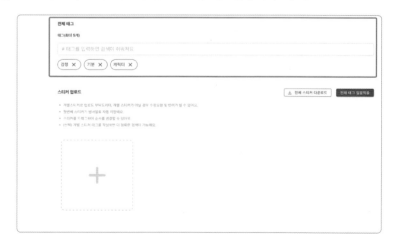

06 스티커는 [+] 버튼 혹은 드래그로 업로드할 수 있습니다. 하플에 스티커를 등록하려면 세트라도 낱개로 분리해서 등록해야 합니다.

07 우측 상단의 [전체 태그 일괄 적용]을 누르면 전체 태그가 개별 스티커들에 적용됩니다. 혹은 스티커마다 태그를 다르게 입력할 수도 있습니다.

08 상품 업로드시 필수 주의 사항을 확인하고 약관에 동의해 주세요.

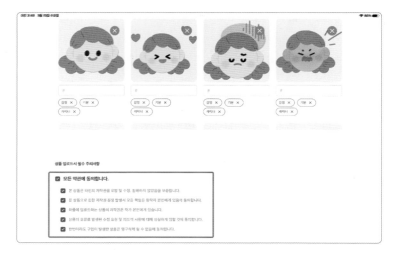

09 최상단으로 이동하고 [입점신청]을 눌러 주세요.

10 입점 신청이 완료되면 승인을 기다립니다.

디지털 템플릿을 대표 상품으로 제출하기

01 상품 종류를 [디지털 템플릿] 으로 선택해 주세요.

02 상품명은 한글, 영문으로 각각 입력해 주세요. 카테고리는 최대 3개까지 선택할 수 있으며 내가 등록하는 디지털 템플릿을 대표할 수 있는 카테고리를 선택해 주세요.

03 가격과 할인율, 할인 기간까지 자유롭게 설정할 수 있습니다. 또한 무료 상품이라면 상단의 [무료상품]을 체크해 주세요.

04 디지털 템플릿 파일을 업로드해 주세요.

05 디지털 템플릿을 잘 보여줄 수 있는 썸네일 이미지를 업로드해 주세요.

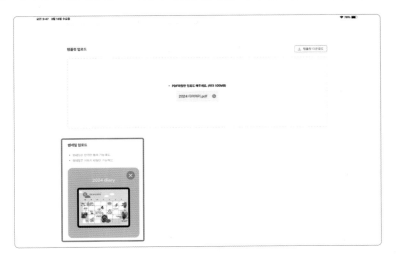

06 등록할 템플릿에 대한 정보를 입력해 주세요.

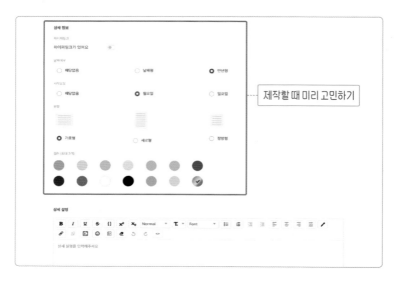

제작할 때 미리 고민하기

07 템플릿에 대한 상세 설명 및 상세 이미지를 입력한 뒤에 태그를 설정하고 주의사항을
확인 후 약관에 동의해 주세요.

08 최상단의 [입점 신청]을 누르면 입점 신청이 완료됩니다.

🖱️ 하플 앱과 스튜디오 연동하기

하플 앱과 하플 스튜디오는 계정을 연동할 수 있습니다. 계정 연동 시 프로필이 스튜디오를 기준으로 통일되며 보관함에 저장한 상품을 불러오는 기능을 활용할 수 있습니다. 단, 하플 앱과 하플 스튜디오에 각각 회원가입되어 있어야 합니다.

01 하플 스튜디오의 [브랜드 관리]에서 **하플 계정 연동**에 하플 앱에 가입한 소셜 계정으로 로그인합니다.

02 계정이 연동되면 이메일이 표시됩니다.

보관함에서 스튜디오로 상품 불러오기

하플 앱 보관함에 저장한 상품과 정보를 하플 스튜디오에서 불러올 수 있습니다.

01 상품 [업로드]를 눌러 주세요. 하플 앱과 연동된 계정이라면 상단에 [보관함에서 불러오기]가 나타납니다.

02 보관함에 스티커 리스트가 보입니다. 스티커를 고르고 [선택완료]를 눌러 주세요.

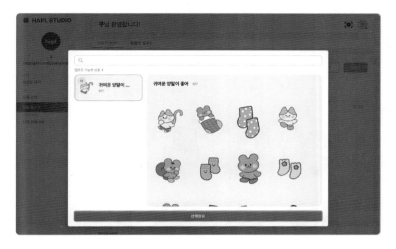

03 폴더명이 **상품명**으로 변환되었습니다.

04 이제 입력되지 않은 나머지 정보만 추가로 넣으면 됩니다.

 콜라보 진행하기

디지털 크리에이터로 활동하면 다양한 기업에서 맞춤형 굿즈 제작을 의뢰받는 경우도 있습니다. 기업의 제안에 따라 기획부터 디자인 작업까지 콜라보 범위는 다양한 조건으로 진행됩니다. 대략적인 흐름을 이해할 수 있도록 저의 경험을 바탕으로 제가 진행했던 과정을 소개합니다.

> **Note.** 만든 상품이 곧 포트폴리오
>
> 우리가 디지털 크리에이터로서 만드는 모든 상품은 결과적으로 나의 포트폴리오가 됩니다. 따라서 평소에 만드는 디지털 굿즈도 자신이 어떤 디자인을 선호하고, 어떤 구성으로 상품을 만드는 브랜드를 운영하는지 기업에서 알 수 있도록 통일감 있게 운영하면 좋습니다.

콜라보 굿즈 제작 제안받기

저는 디지털 굿즈 플랫폼 하플에서 체인지업그라운드의 디지털 굿즈 제작을 한 적이 있습니다. 해당 작업에 필요한 크리에이터를 섭외하기 위해 문의 메일을 주셨습니다. 이때 콜라보에 대한 설명을 듣게 됩니다.

포스코 체인지업그라운드 2023 디지털 굿즈 세트 콜라보, 체인지업그라운드 X 하플 X 쿠의취향

콜라보 전에 크리에이터의 유의사항

아래와 같은 정보를 미리 확인하시면 콜라보 진행 여부에 대해 크리에이터로서 판단하기 좋습니다.

- 콜라보 진행 일정: 언제까지 디지털 굿즈 제작을 완료해서 전달해야 하는지?
- 콜라보 디지털 굿즈 구성: 완성해야 하는 디지털 굿즈 구성을 어느 정도로 생각하는지?
- 디지털 굿즈 레퍼런스: 참고할 디지털 굿즈 레퍼런스가 있는지?
- 예상 견적 금액: 대략적으로 예상한 집행 비용이 얼마인지?

물론 아직 확정된 내용은 아무 것도 없기 때문에 예상된 대략적인 사항이라는 걸 인지해야 하며, 콜라보 진행에 대해 요구하는 조건들이 있다면 의견을 조율하는 것이 좋습니다. 기업에서 요구하는 디지털 굿즈 레퍼런스와 구성을 참고하면 예상 견적이 어느 정도인지, 상품 구성, 일정 조율 등 여부를 확인할 수 있도록 논의하는 게 좋습니다.

또한 이 과정에서 기업이 크리에이터의 **포트폴리오**를 요구하기도 합니다. 크리에이터가 어떤 능력을 가졌는지, 어떤 강점이 있는지, 기업에서 만들고자 하는 디지털 굿즈의 느낌을 잘 살릴 수 있는지를 기업에서 판단할 수 있도록 하기 위해서입니다.

콜라보 조건 체크리스트

담당자와 메일을 주고받으며 구체적인 콜라보 조건이 정리되면 계약을 진행합니다. 콜라보를 진행하기 전에 점검해야 할 사항은 아래 표를 확인해 보세요.

항목	내용	체크
콜라보 목적	사업 홍보, 타깃 확장, 사내 업무용 등 굿즈 제작의 목적	
콘셉트	캐릭터, 심플, 레트로 등의 디자인 콘셉트	
저작권 사항	상품 저작권이 누구에게 귀속되는지?	
사용 범위	콜라보 굿즈를 어느 범위로 사용할 것인지?	
구성	제작할 디지털 굿즈의 총 구성	
일정 및 최종 전달 파일 형태	미팅 일정 및 작업 데드라인, 최종 전달 파일의 형태 확정	
제작 비용 및 수익 정산	굿즈 제작 비용, 계약금, 잔금 입금일	
그 외	계약 파기 조건과 파기 시 주의사항	

자료를 받고 시안 디자인하기

구체적인 디자인을 들어가기 전에 콜라보 기업의 자료를 전달받고 참고할 요소를 확인합니다. 사전에 정한 굿즈 콘셉트에 맞게 대략적인 시안을 준비합니다.

● 기업의 디자인 가이드 라인 및 파일: 로고, 브랜드 컬러, 메시지 등

🐱 **tip.** 시안은 모든 굿즈 구성을 다 만들 필요 없이 중요 페이지 혹은 각기 다른 스타일을 기반으로 러프하고 빠르게 작업 후 전달하면 됩니다.

콜라보용 디지털 굿즈 만들기

시안에 대한 피드백을 반영해 디자인을 디벨롭하며 구체적으로 디자인을 완성합니다. 이 과정에서 여러 시안을 만들고, 피드백을 요청하고, 피드백을 받아 반영해 디벨롭하는 과정들이 반복적으로 생길 수 있습니다. 콜라보도 협업의 영역이기 때문에 서로의 의견을 조율하고 더 좋은 결과물을 만들기 위해 노력해야 합니다.

- 시안 만들기 → 피드백 받기 → 피드백 반영하여 디벨롭하기 → 다시 피드백 받기 → N번의 수정 → 최종 파일 전달

이제 계약 당시에 약속한 최종 파일을 전달해야 합니다. 사전에 논의한 대로 **원본까지 전달할지**, 혹은 **최종 결과 파일만 전달하면 되는지** 다시 확인합니다. 또한 중간에 필요한 콘셉트 사진은 없었는지, 다른 샘플 이미지가 필요한지에 따라 전달하는 파일의 형태가 달라집니다.

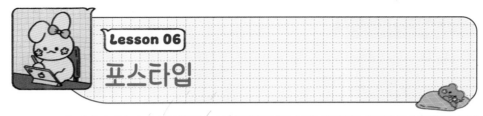

Lesson 06
포스타입

디지털 굿즈를 넘어 다양한 디지털 콘텐츠를 SNS처럼 편하게 공유하고 판매하고 싶다면 포스타입을 추천합니다. 블로그처럼 연재하면서 디지털 상품을 판매할 수 있는 포스타입을 소개합니다.

포스타입 소개

- [포스타입] 사이트를 통해 가입할 수 있습니다.
- 크리에이터 입점 및 상품 업로드에 대한 별도의 심사 과정이 없습니다.
- 블로그 형태가 기본이라 처음 사용해도 어렵지 않습니다.
- 콘텐츠는 포스트와 시리즈로 구분합니다.
- 유료 판매뿐만 아니라 무료 상품을 공유하기에도 편리합니다.
- 디지털 굿즈뿐만 아니라 글도 판매할 수 있어서 동시에 다양한 종류의 디지털 콘텐츠에 도전해 볼 수 있습니다.

📝 포스타입 가입하기

포스타입에 가입하면 일반 회원으로 활동할 수도 있지만 **채널**을 만들면 바로 크리에이터로 활동할 수도 있습니다.

01 포스타입(https://www.postype.com/) 사이트에 접속 후 우측 상단의 [회원 가입]을 눌러 주세요.

02 편한 방법을 선택해서 회원 가입을 합니다.

03 가입이 완료되면 크리에이터에 대한 가이드를 확인할 수 있는 페이지가 나타납니다.

04 우측 상단의 [프로필] 버튼을 누르고 [새 채널 만들기]를 선택해 주세요. 포스타입의 **채널**
은 크리에이터 페이지 역할을 합니다.

05 필요한 정보들을 입력하고 [새 채널 만들기]를 눌러 주세요.

06 새 채널이 완성되었습니다.

포스트

포스트는 채널에 게시하는 개별 콘텐츠(게시물)입니다.

블로그처럼 올리는 포스트

시리즈

시리즈는 **연재물** 혹은 **동일한 주제의 포스트**를 모아둔 폴더 및 그룹의 개념입니다.

디지털 굿즈 판매하기

포스타입에선 크게 4가지 방식으로 콘텐츠를 업로드할 수 있습니다. 우리는 디지털 굿즈에 맞게 포스트를 업로드하고 판매하는 방법을 알아보겠습니다.

01 포스타입에서 자신의 패널 우측에 있는 [+] 버튼을 눌러 주세요.

02 4가지 종류의 포스트 중에서 [기본포스트]를 선택합니다.

03 기본 포스트는 **파일 첨부, 이미지 첨부, 링크 삽입, 텍스트 입력** 등 일반적인 블로그 게시물처럼 작성할 수 있습니다. 디지털 굿즈를 잘 보여주기 위해 먼저 이미지를 삽입하겠습니다. 빠른 메뉴에서 [이미지]를 선택하세요.

04 [파일 올리기]를 눌러 원하는 사진을 추가하고 최종 선택해서 [다음]을 눌러 주세요.

05 선택한 사진들을 어떤 형태로 보여줄지, 그리고 추가 편집이 가능한 메뉴창이 뜨면
원하는 옵션을 선택하고 [삽입]을 눌러 주세요.

06 사진을 삽입하고 취향에 따라 글을 작성하고 **결제 상자** 아래로 파일 혹은 링크 등 원하는 콘텐츠를 추가해 주세요.

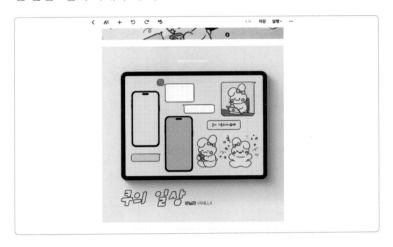

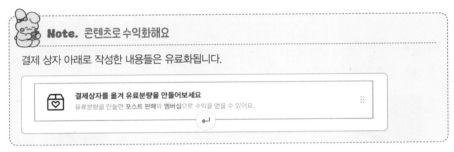

07 파일을 눌러 원하는 파일을 선택하고 [삽입]을 눌러 주세요.

08 결제 상자 아래로 파일이 올라갔는지 한 번 더 확인하세요.

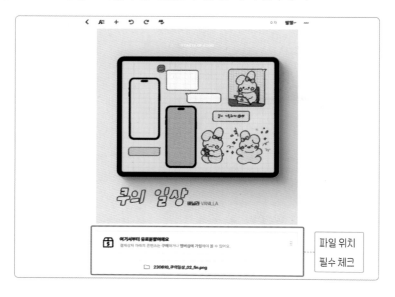

파일 위치
필수 체크

09 제목 등 필수 입력 항목을 입력 후 우측 위의 [발행]을 누르면 썸네일부터 시리즈, 태그 및 판매가를 설정할 수 있습니다.

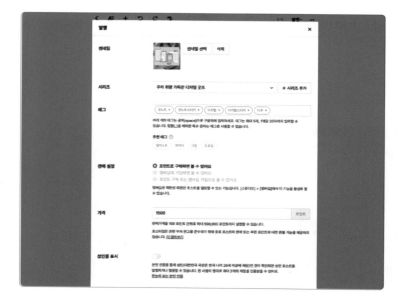

10 포스트가 발행되었습니다.

11 일반 독자에게는 결제 상자 아래에 둔 유료 판매 제품이 아래와 같이 보여집니다.

🐰 **Note.** 무료 상품도 공유해요

무료 상품을 공유하고 싶다면 결제 상자 아래가 아닌 위쪽으로 상품을 추가하면 됩니다.

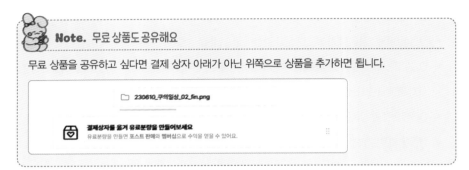

네이버 OGQ마켓

네이버 블로그에서 보던 스티커들 직접 만들고 싶다면 네이버 OGQ마켓을 추천합니다. 네이버 OGQ 마켓에 입점 신청을 하는 방법과 네이버 블로그에서 활용하는 법을 살펴보겠습니다.

네이버 OGQ마켓 소개

- [OGQ 크리에이터 스튜디오]를 통해 가입할 수 있습니다.
- 크리에이터 입점에 대한 별도의 심사 과정이 없습니다.
- OGQ마켓에 등록된 콘텐츠들은 구입시 네이버 블로그뿐 아니라 아프리카 TV, 안드로이드 스마트폰의 메시지 앱에서도 사용할 수 있습니다.
- OGQ마켓의 상품은 정해진 가이드 라인이 있으므로 가이드라인에 맞춰 상품을 제작해야 합니다.
- 상품을 업로드하면 심사 후 업로드가 됩니다.

🛠️ 입점 신청하기

OGQ마켓(https://ogqmarket.naver.com/)은 입점 후 별도의 심사 과정 없이 바로 활동할 수 있습니다. 단계별로 입점하는 방법을 안내합니다.

01 OGQ마켓에서 상단의 [크리에이터 되기]를 눌러 주세요.

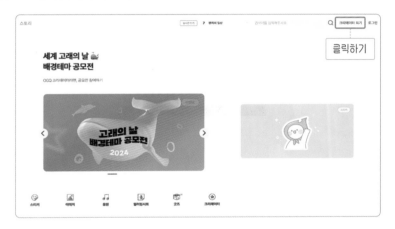

02 OGQ마켓 크리에이터 전용 사이트인 OGQ creator studio(https://creators.ogq. me/)로 이동합니다. 상단의 [크리에이터 되기]를 눌러 주세요.

03 먼저 약관을 읽고 [확인]을 누릅니다.

04 로그인에 사용할 이메일 주소를 입력 후 [인증요청]을 누르고 [다음]을 눌러 주세요.

05 비밀번호를 입력하고 [다음]을 눌러 주세요.

06 닉네임을 입력 후 [가입완료]를 눌러 주세요.

추후 수정 가능

tip. 닉네임은 크리에이터명이자 브랜드명이 됩니다.

07 휴대폰 번호 인증을 진행하고 원하는 프로필로 변경 후 [시작하기]를 눌러 주세요.

08 다시 로그인 창이 뜨면 방금 가입한 이메일과 비밀번호를 입력해 주세요. 입력한 프로필과 약관에 동의한 후 [시작하기]를 눌러 주세요.

09 이제 OGQ마켓에서 판매할 콘텐츠를 업로드하고, 판매 현황을 파악할 수 있는 OGQ Creator Studio를 쓸 수 있습니다.

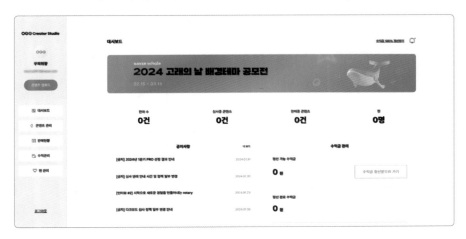

네이버 블로그에서 콘텐츠 활용하기

OGQ마켓에 판매되고 구입한 콘텐츠는 네이버에서 제공하는 다양한 서비스와 연계되어 사용할 수 있습니다. 그중 **네이버 블로그**가 가장 대표적입니다.

01 네이버 블로그에서 [글쓰기]를 선택하면 **에디터** 화면으로 이동합니다.

02 상단의 [스티커] 메뉴를 선택하면 보유한 스티커 목록이 뜹니다. OGQ마켓에서 구입한 스티커들이 연계되어 바로 이 스티커 메뉴에서 한눈에 볼 수 있습니다.

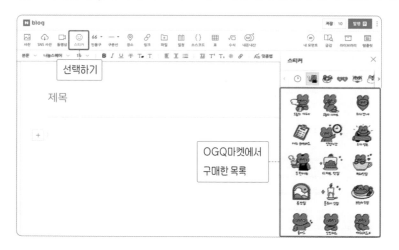

03 원하는 스티커를 선택하면 블로그 글을 꾸밀 때 사용할 수 있습니다.

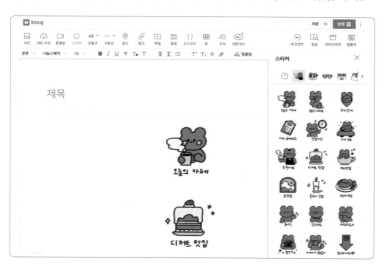

Note. 내가 만든 스티커로 더 귀엽게

내가 만든 스티커를 활용하여 일상을 기록해 보세요. 비슷한 콘텐츠를 소개하는 글도 다른 블로그와 차별화되는 인상을 줄 수 있어요.

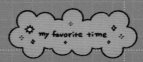

프로크리에이트
기본 익히기

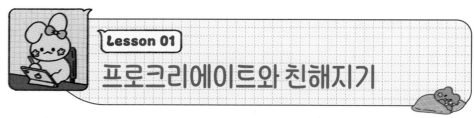

프로크리에이트와 친해지기

Lesson 01

디지털 굿즈의 장점 중 하나는 드로잉 앱만 활용해도 굿즈를 만들 수 있다는 점입니다. 프로크리에이트는 대표적인 디지털 드로잉 앱으로 아이패드의 앱스토어에서만 구매할 수 있으며, 직관적인 메뉴와 초보자도 사용하기 편한 구성과 다양한 기능으로 출시 이후 지금까지 많은 사랑을 받고 있습니다.

갤러리

갤러리는 프로크리에이트를 실행하면 볼 수 있는, 여러 그림들이 저장된 **메인 화면**입니다. 프로크리에이트로 작업한 모든 파일이 자동으로 저장되는 공간이자, 보관된 파일들을 관리할 수 있는 화면입니다.

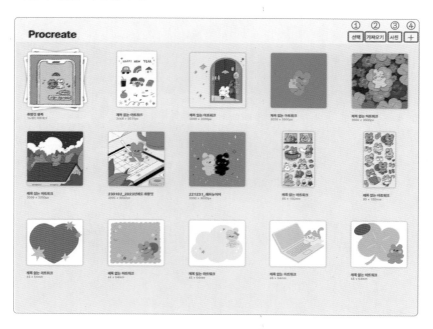

① 선택: 갤러리의 파일들을 선택해 그룹화하거나 미리보기/공유/복제/삭제 등의 기능을 이용할 수 있습니다.

② 가져오기: 아이패드 파일 앱에서 원하는 파일들을 불러올 수 있습니다.

③ 사진: 아이패드 사진 앱에서 원하는 이미지들을 불러올 수 있습니다.

④ +: 원하는 사이즈의 캔버스를 만들 수 있습니다.

캔버스

캔버스는 그림을 그리는 화면입니다. **기능 도구**와 **그리기 도구, 사이드바**로 구성됩니다.

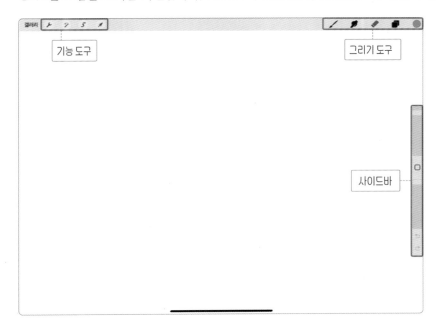

기능 도구

기능 도구는 캔버스의 좌측 위에 있는 도구들로, 설정 혹은 이미지를 편집할 수 있는 고급 기능을 제공합니다.

① 동작: 파일 추가, 캔버스 설정, 파일 공유, 타임랩스 녹화, 인터페이스 **기본 설정**을 할 수 있습니다.

② 조정: 이미지에 흐림, 노이즈 등의 효과를 추가하거나 색을 **보정**할 수 있습니다.

③ 선택: 이미지의 전체 혹은 일부를 선택하여 **편집**할 수 있습니다.

④ 변형: 선택한 이미지를 이동하거나 전체 혹은 일부의 크기를 조절하고 **변형**할 수 있습니다.

그리기 도구

캔버스의 우측 위에 있는 도구들로 드로잉에 필요한 기능을 제공합니다.

① 브러시: 더블 탭으로 나타나는 [브러시 라이브러리]에서 브러시를 선택, 추가, 삭제 또는 커스텀을 할 수 있습니다. 브러시 미리보기를 제공하므로 빠르게 선택할 수 있습니다.

② 문지르기: 이미지의 색상이나 형태를 선택한 브러시를 이용해 뭉개거나 섞을 수 있습니다. 더블 탭으로 나타나는 [브러시 라이브러리]를 통해 원하는 브러시를 선택할 수 있습니다.

③ 지우개: 브러시를 지울 때 사용합니다.

④ 레이어: 레이어를 추가하거나 삭제, 순서 변경, 그룹화할 수 있습니다.

⑤ 색상: 브러시의 색상을 선택할 수 있습니다. 총 5가지의 색상 모드(디스크, 클래식, 하모니, 값, 팔레트)를 제공하여 다양하게 색상을 선택할 수 있습니다.

🐻 tip. 레이어는 '층'이라는 뜻으로 이미지를 여러 층으로 만들어 완성할 수 있는 디지털의 드로잉의 대표적인 장점입니다.

사이드바

사이드바는 드로잉을 할 때 가장 많이 이용하는 도구입니다. 사이드바의 가운데에 있는 사각형을 기준으로 위아래의 기능이 다릅니다.

- 브러시 크기 슬라이더: 사용 중인 브러시의 크기를 자유롭게 조절할 수 있습니다. 슬라이더를 위로 올리면 브러시의 크기가 커지고 아래로 내리면 작아집니다.
- 스포이드: 사각형 모양으로 중간에 위치한 스포이드를 선택하면 이미지에서 원하는 색상을 추출할 수 있습니다.
- 루명도 슬라이더: 슬라이더로 투명도를 조절할 수 있습니다. 아래로 내릴수록 투명해집니다.
- 실행 취소/재실행: 하단의 화살표로 직전 작업을 취소하거나 재실행할 수 있습니다. 단, 갤러리로 돌아가거나 앱을 종료하면 히스토리가 삭제되어 사용할 수 없습니다.

슬라이더를 더블 탭하면 나타나는 창의 [+] 버튼을 터치합니다. 그러면 해당 브러시에서 자주 사용하는 사이즈를 바로 선택할 수 있도록 저장할 수 있습니다.

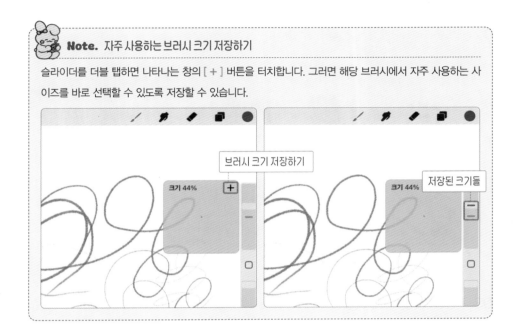

새 캔버스 만들기

이제 간단한 실습을 통해 디지털 굿즈를 제작할 때 필수적인 프로크리에이트의 기능들을 손으로 직접 익혀보겠습니다. 먼저, 실습을 위해선 **캔버스**부터 만들어 볼까요?

01 갤러리 화면에서 우측 위의 [+] 버튼을 눌러 주세요.

02 새로운 크기를 제작하는 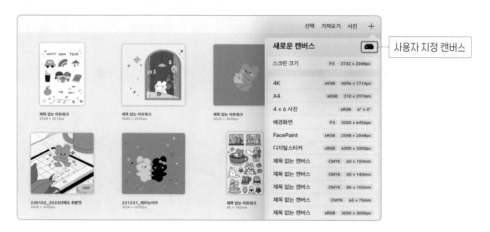를 누릅니다.

→ 사용자 지정 캔버스

03 원하는 사이즈를 입력해 주세요. 실습에서는 너비 2000px, 높이 2000px을 입력했습니다.

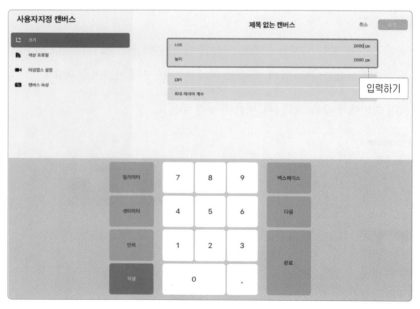

입력하기

😺 **tip.** 인쇄용으로도 고려한다면 DPI(해상도)를 300으로 설정해 주세요. 참고로 최대 레이어 개수는 기기의 용량과 캔버스 사이즈, DPI에 따라 자동으로 조정됩니다.

04 좌측 메뉴에서 [색상프로필]을 눌러 주세요. 색상 프로필은 [RGB]로 지정해 주세요.

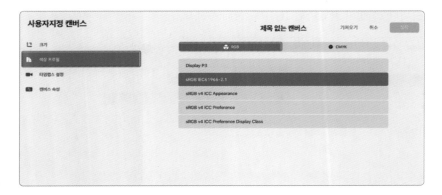

 Note. 디지털 굿즈는 RGB 색상으로 만들어요

RGB는 웹에서 보이는 색상이고 CMYK는 인쇄용 색상입니다. 우리가 만드는 디지털 굿즈를 위해선 RGB를 선택하면 됩니다. 색상 옵션에 따라 보이는 색상이 미세하게 다르기 때문에 웹 화면에서 가장 기본적인 RGB를 추천합니다. 특히 CMYK는 모니터 환경에 따라 보이지 않는 색상도 있으니 디지털 굿즈를 만들 때는 되도록 지양해야 합니다. 만약 특정한 색상을 지정해서 사용하고 싶다면 검색창에 'RGB 코드' 또는 '색상코드표' 등을 검색해서 정보를 찾아도 좋습니다.

네이버 색상 팔레트

05 상단에 **제목 없는 캔버스**로 되어있는 캔버스 타이틀을 누르면 캔버스 이름을 변경할 수 있습니다. 설정이 끝났다면 [창작]을 눌러 주세요.

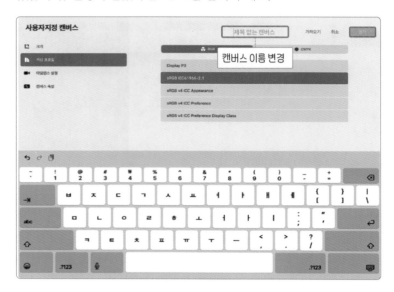

06 이렇게 나만의 캔버스가 완성되었습니다.

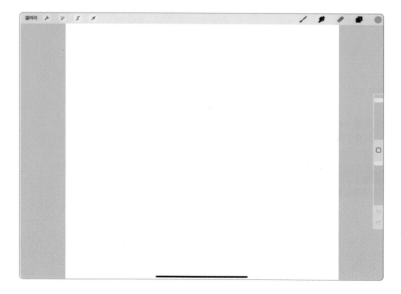

Note. 더 편리한 드로잉을 위한 가이드 설정하기

더 편리한 드로잉을 위해 [동작] 도구에서 [캔버스] – [그리기 가이드]를 체크해 가이드를 설정해 주세요.

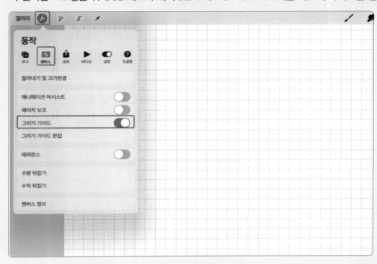

만약 설정된 가이드를 편집하고 싶다면 [동작] 도구에서 [캔버스] – [그리기 가이드 편집]을 이용합니다. [그리기 가이드 편집]에선 가이드의 종류, 불투명도, 두께, 격자 크기, 색상을 편집할 수 있습니다.

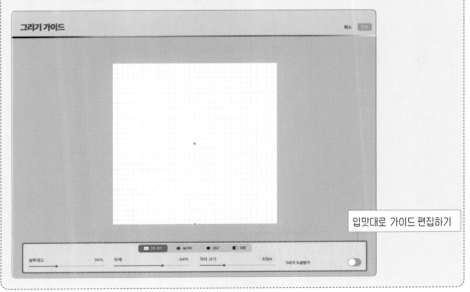

입맛대로 가이드 편집하기

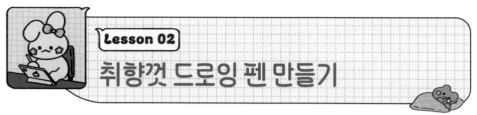

Lesson 02
취향껏 드로잉 펜 만들기

프로크리에이트의 큰 장점은 다양한 브러시입니다. 기본 브러시만으로도 다양한 느낌을 낼 수 있으며 나의 취향에 맞게 커스터마이징할 수도 있습니다. 그 외에도 브러시를 추가하거나 직접 만들 수 있다는 점이 매력적입니다. 그럼 프로크리에이트의 브러시 라이브러리를 살펴보고, 취향대로 브러시를 만들어 볼까요?

브러시 질감 고르기

캔버스의 그리기 도구 중 [브러시]를 더블 탭하면 [브러시 라이브러리]를 볼 수 있습니다.

원하는 브러시를 선택하면 브러시의 설정을 바꿀 수 있는 [브러시 스튜디오]로 이동합니다. 브러시 스튜디오에서는 브러시의 **획 경로, 끝단 처리**를 비롯한 다양한 효과의 세세한 설정이 가능합니다. 우측의 **그리기 패드**에서 브러시를 저장하기 전에 테스트해 볼 수 있습니다.

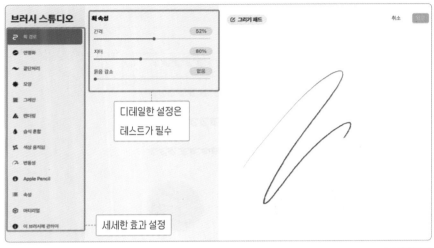

디지털 굿즈의 콘셉트에 어울리는 브러시를 사용해 주세요! 브러시의 질감을 고를 때는 브러시 종류마다 크기, 텍스처, 특성이 모두 다르게 적용됩니다. 따라서 직접 하나씩 사용하며 본인이 원하는 느낌의 브러시를 찾는 방법을 추천합니다

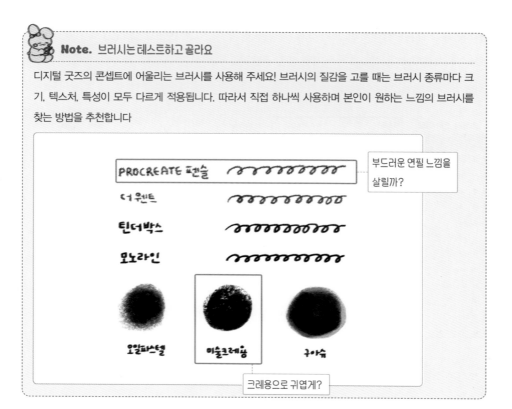

색상 선택하기

프로크리에이트는 사용자가 편리한 방법으로 색상을 선택할 수 있도록 색상 모드를 5가지 모드로 제공하고 있습니다. 먼저 모드를 하나씩 살펴보고 자신이 편한 방법으로 원하는 색상을 선택해 보세요. 캔버스의 그리기 도구 중 [색상]을 누르면 메뉴의 아래쪽에 5가지 모드 색상 탭이 표시됩니다.

디스크

두 개의 디스크를 이용해 색을 선택할 수 있는 모드입니다. 큰 원으로 **색조**를 선택하고, 작은 원으로 **채도**와 **명도**를 조절할 수 있습니다.

색조 선택

채도 및 명도 조절

클래식

아래쪽에 있는 3개의 슬라이더를 조절하며 색상을 선택할 수 있는 모드입니다.

슬라이더로 색상 선택

하모니

보색, 보색 분할, 유사, 삼합, 사합이라는 옵션 중에서 원하는 방법으로 색상을 선택할 수 있는 모드입니다. 자동으로 어울리는 색상 조합을 추천해 주기 때문에 조화롭게 색상을 선택할 수 있습니다.

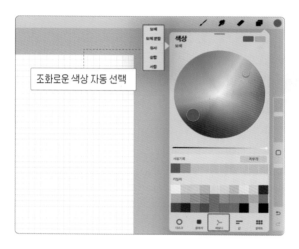

값

HSB, RGB, 16진값을 통해 색상을 선택할 수 있는 모드입니다. 16진값을 입력하면 원하는 색상을 정확히 찾을 수 있습니다.

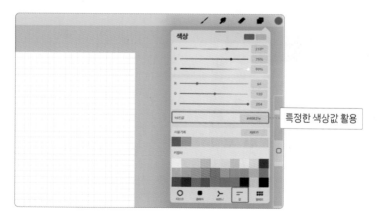

종류	정의	요소	특징
RGB 모드	빛의 3원색	빨강(Red), 초록(Green), 파랑(Blue)	색을 섞을수록 밝아진다
HSB 모드	색의 3속성	색상(Hue), 채도(Saturation), 명도(Brightness)	색을 섞을수록 어두워진다

 Note. 16진값 색상을 추천하는 사이트

- **LOLCOLORS**(https://www.webdesignrankings.com/resources/lolcolors/)

4가지 색상 조합과 함께 각 색상의 16진값을 알려주는 색상 추천 사이트입니다.

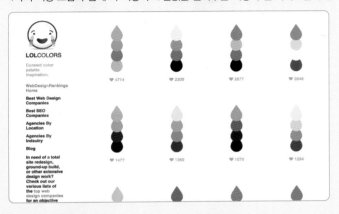

- **2ColorCombinations**(https://2colors.colorion.co)

2가지 색 조합과 함께 16진값을 바로 복사해서 붙여넣을 수 있는 사이트입니다.

팔레트

평소에 자주 쓰거나 원하는 색상으로 구성한 팔레트를 모아보고 색상을 선택할 수 있는
모드입니다. 상단의 [+] 버튼으로 이미지를 불러오면 자동으로 색상을 추출해 새로운 팔
레트를 만들 수 있습니다.

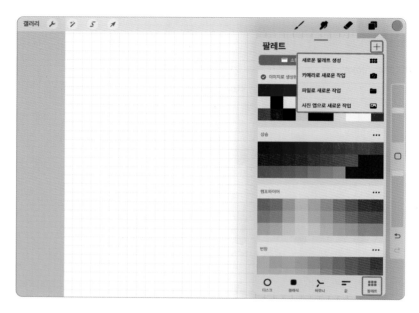

🎨 퀵세이프로 반듯하게 도형 그리기

프로크리에이트의 **퀵세이프**는 선 또는 도형을 반듯하게 만드는 기능입니다. 퀵세이프를 잘
활용하면 다양한 도형과 선을 편하게 그릴 수 있습니다. 기본 도형은 모든 드로잉의 기초
가 되며, 앞으로 있을 실습에도 활용되니 꼭 연습해 보세요! 그럼 간단한 실습으로 함께
익혀볼까요?

삐뚤삐뚤한 동그라미를 정원으로 바꾸기

01 원을 그린 후 펜슬을 떼지 않은 상태로 기다리면 그려진 상태에서 삐뚤삐뚤하던 모양
이 반듯해 집니다. 이때 펜슬을 떼면 상단에 [타원]이라는 옵션이 생성됩니다.

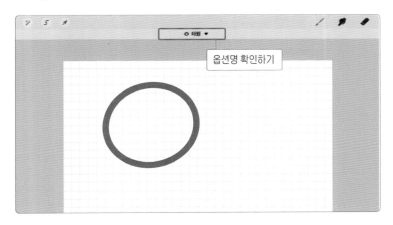

02 [타원] 옵션을 누르면 **모양 편집 모드**가 됩니다. 이때 하위 메뉴로 나타난 [타원]과 [원]
중에서 원하는 모양을 선택할 수 있습니다. 여기서 [원]을 누르면 반듯한 정원으로
바뀝니다. 이제 캔버스의 아무 곳이나 탭하여 편집을 종료합니다.

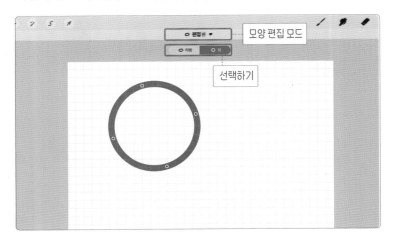

03 만약 삼각형을 그리면 상단에 삼각형 옵션이 생성되며 하위 메뉴로 **삼각형**, **사변형**, **폴리라인**을 선택할 수 있습니다.

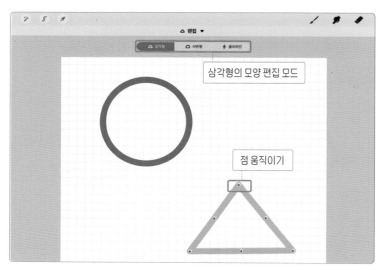

tip. 하위 메뉴를 선택하지 않아도 그린 모양에 표시된 파란 점을 움직여 다양하게 변형할 수도 있습니다.

04 반듯한 **직선**, **사각형**, **다각형**에도 퀵세이프를 활용할 수 있습니다. 그린 도형의 형태에 따라 모양 옵션이 다르게 나타나니 퀵세이프를 활용해 다양한 도형을 그려 보세요!

✏️ ColorDrop으로 편리하게 색칠하기

프로크리에이트의 ColorDrop은 원하는 곳에 색상을 끌어오면 자동으로 색상이 채워지는 기능입니다. 따라서 빠르고 쉽게 색칠할 수 있습니다.

스케치에 색상 끌어오기

01 색상을 캔버스로 쭉 끌어오면 상단에 ColorDrop 옵션이 생깁니다.

🐱 **tip.** 주의! 색상을 꾹 누르고 그대로 가만히 있으면 이전 색상으로 변경됩니다. 가볍게 끌어서 재빠르게 옮겨 주세요.

02 색상을 원하는 부분에 놓으면 색상이 채워집니다. 동일한 색상으로 다른 곳을 채우고 싶다면 [채우기 계속]을 눌러 주세요. 이 버튼이 활성화되면 색상을 다시 끌어오지 않아도 원하는 부분을 터치해서 색상을 채울 수 있습니다.

03 다른 색상을 쓰고 싶다면 다시 [색상]을 터치해 색상을 고르고, 원하는 부분을 탭합니다. 이 기능은 상단에 ColorDrop 메뉴가 계속 활성화되어 있어야 가능합니다.

04 ColorDrop을 활용해 원하는 색상으로 편하게 색칠해 완성해 보세요!

 Note. 캔버스 전체가 채워진다면 스케치를 다시 확인하자

ColorDrop을 활용했는데 전체 캔버스가 채워진다면 색칠하기 원하는 부분이 빈틈없이 그려져 있는
지 확인해 주세요. ColorDrop은 색상을 끌어온 부분, 전체를 채우는 기능입니다. 따라서 스케치에 빈
틈이 있으면 원하지 않는 부분까지 색상이 채워질 수 있습니다.

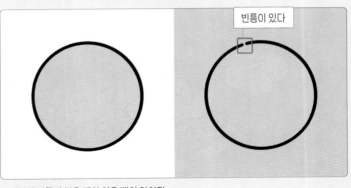

스케치에 빈틈이 없을 때와 있을 때의 차이점

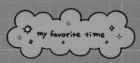

Chapter
4

실전!
디지털 굿즈 만들기

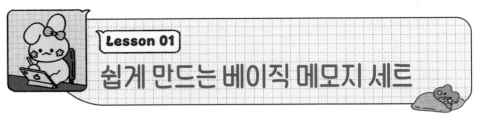

Lesson 01

쉽게 만드는 베이직 메모지 세트

기본 도형으로 쉽게 그릴 수 있는 베이직 메모지 세트를 만들어 보겠습니다. 먼저 앞에서 배운 퀵세이프와 Color Drop으로 메모지를 만들어 보고, 디지털 굿즈에 아날로그 감성을 살리는 텍스처를 적용하고, 마무리로 PNG 파일로 내보내기 방법까지 연습해 봅니다. 함께 하나씩 살펴볼까요?

· 난이도 ★ · 캔버스 2000 X 2000px · 색상 RGB
· 브러시 [서예] – [모노라인]

실습을
준비해요

📝 베이직 메모지 세트 만들기

01 새로운 캔버스를 만들고 [동작]에서 [그리기 가이드]를 설정합니다.

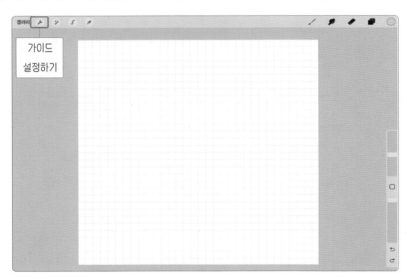

🐱 **tip.** 그리기 가이드는 151쪽에서 소개합니다.

02 [모노라인]처럼 깔끔한 스타일의 브러시를 선택하고 사각형을 그립니다. 이어서 퀵셰이프로 **직사각형**을 만듭니다.

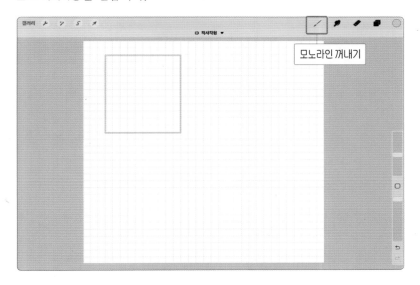

03 직사각형에 ColorDrop으로 색상을 채워 줍니다.

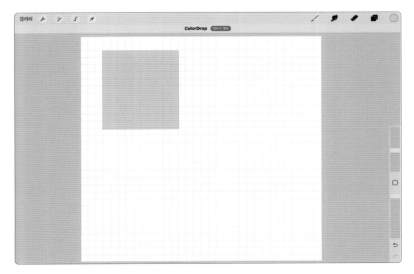

🐻 **tip.** ColorDrop은 161쪽에서 소개합니다.

04 [레이어] 창에서 현재 레이어를 왼쪽으로 스와이프하여 레이어를 [복제]합니다.

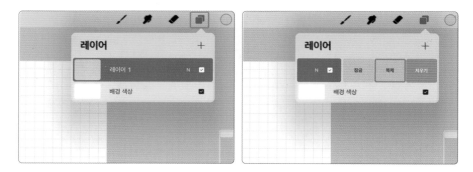

05 [변형] 툴로 복제한 레이어를 기존 레이어의 옆으로 옮겨서 배치합니다.

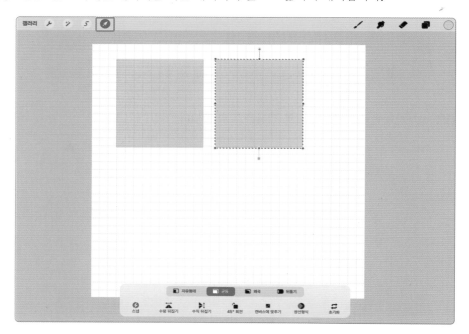

06 복제 및 이동 과정을 반복해 **사각** 메모지를 2개 더 만듭니다. 퀵세이프와 ColorDrop
으로 **원형** 메모지도 5개 만들어 줍니다.

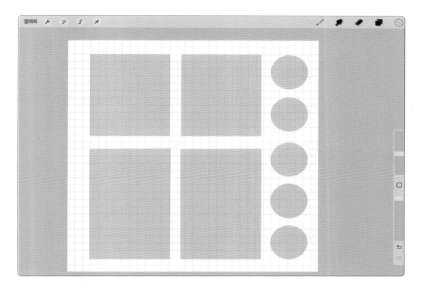

07 다시 [레이어] 창을 열고어서 배경 색상을 제외한 모든 레이어를 오른쪽으로 스와이프해
서 선택합니다.

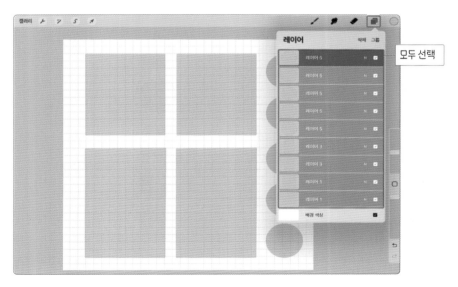

08 선택된 레이어를 위에서 아래까지 **엄지**와 **검지** 손가락으로 모으면 레이어가 하나로 병합됩니다.

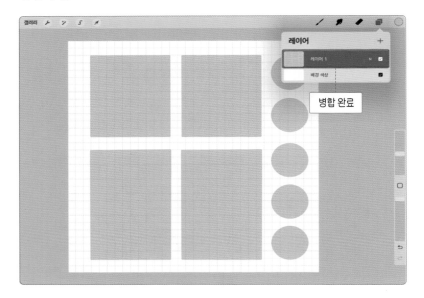

09 ColorDrop으로 사각형과 원형에 원하는 색상을 채워 줍니다.

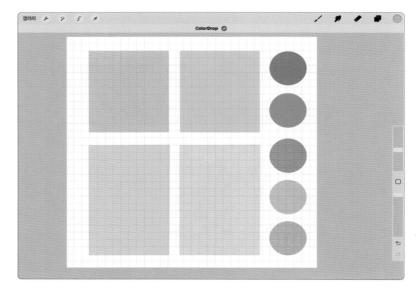

10 이제 밋밋한 메모지에 디자인을 추가해 볼까요? 새로운 레이어를 추가하고 클리핑 마스크 상태로 만들어 주세요.

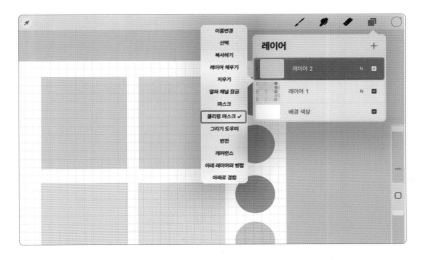

11 먼저 라인이 있는 메모지를 만들어 볼게요. 가이드 라인을 기준으로 좌우 여백을 한 칸씩 띄운 후 직선을 그려 줍니다.

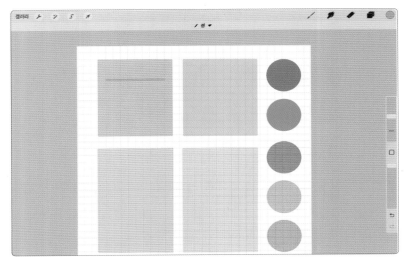

tip. 반듯한 직선을 그릴 때는 가이드라인과 퀵세이프 기능을 적극적으로 활용합니다. 퀵세이프 기능은 158쪽에서 확인하세요.

12 가이드라인을 기준으로 2칸씩 띄운 후 직선을 3개 더 그려 주세요.

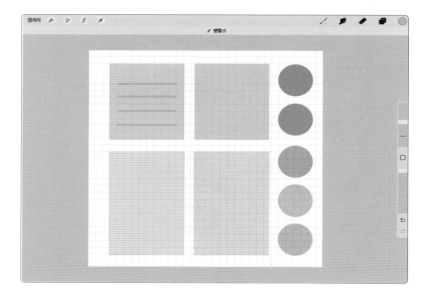

13 두 번째는 타이틀을 쓸 수 있도록 만들어 줄게요. 상단에 타원형을 그려 주세요.

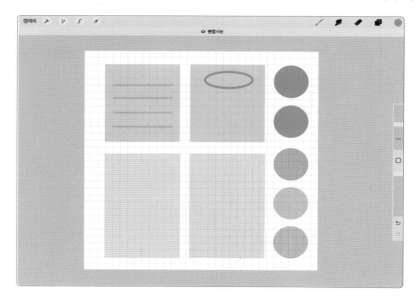

14 ColorDrop을 활용해 타원에 색상을 채워 주세요.

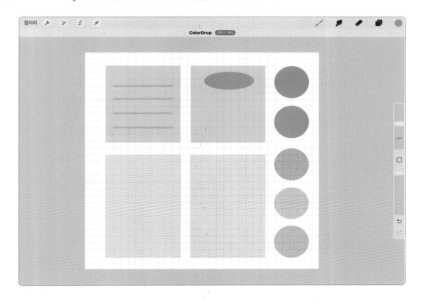

15 분홍색 메모지는 **불투명도**를 조절해 패턴을 그려 볼게요. 색상에서 화이트를 선택해 주세요.

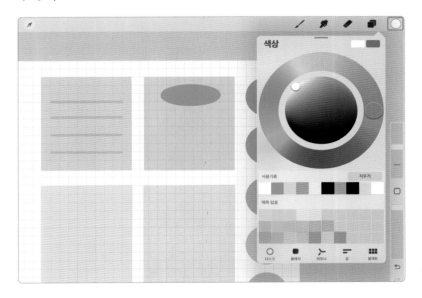

16 사이드바의 불투명도를 조절해 주세요. 우리는 대략 30%로 설정하겠습니다.

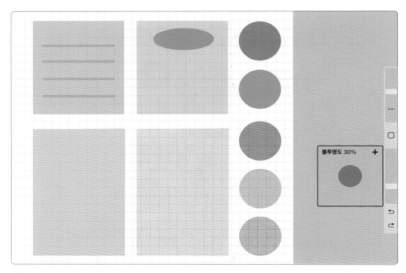

🐨 **tip.** 불투명도 조절은 색상이 뒤에서도 비치도록 투명도를 조절하는 것으로, 불투명도 100%는 뒤가
비치지 않는 온전한 색상이고 %가 내려갈수록 뒤가 비치게 됩니다

17 이제 자유롭게 세로선을 먼저 그려 주세요. 손으로 그린 느낌을 내기 위해 간격을 자
유롭게 그립니다.

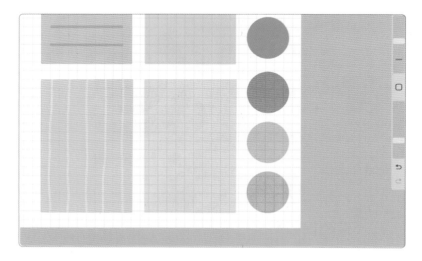

18 마찬가지로 가로선도 그려주세요. 이렇게 불투명도를 조절해서 패턴을 그리면 메모하기도 편하면서 심심하지 않은 메모지를 만들 수 있습니다.

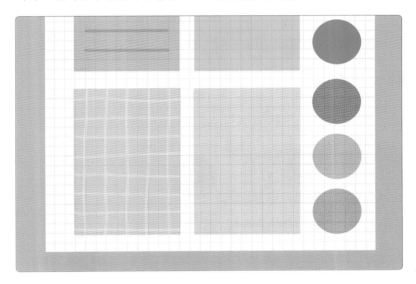

19 마지막은 테두리에 라인을 그려 주세요. 삐뚤삐뚤하게 만드는 게 포인트입니다.

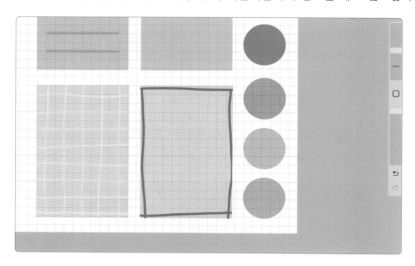

20 그려둔 라인과 맞닿은 면을 색칠해 주세요.

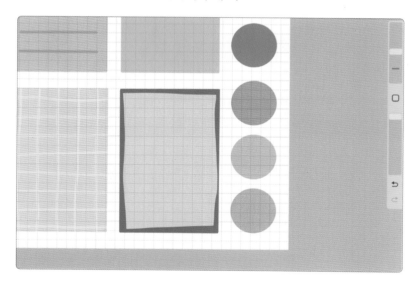

21 상단에 타이틀을 쓸 수 있도록 구불거리는 곡선으로 타이틀 자리를 표시해 주세요. 4가지 메모지 디자인이 완성되었습니다.

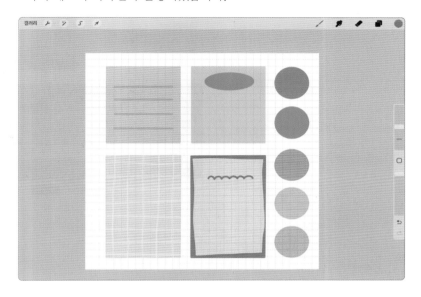

✏️ 개성 넘치는 텍스처 넣기

디지털 굿즈지만 아날로그 감성을 살려 더 자연스러운 메모지 느낌을 표현할 수도 있습니다. 메모지에 질감을 더한 텍스처를 적용시켜 볼까요? 물론 디지털 굿즈를 만들 때 텍스처는 필수가 아닙니다. 디자인하는 여러분의 취향이나, 상품의 콘셉트, 색상에 따라 텍스처를 사용할지 자유롭게 선택해 주세요.

 Note. 텍스처 준비하기

텍스처는 저작권에 위반되지 않는 상업적 사용이 가능한 사이트에서 다운로드해야 합니다. 이미지 공유 사이트에서 'paper texture' 혹은 'texture'로 검색한 후 저작권 범위를 꼼꼼하게 확인합니다.

- **Unsplash(https://unsplash.com/ko):** 사진을 공유하는 사이트입니다. 무료와 유료가 존재하며 각 사진마다 저작권 범위가 다릅니다.

- **Freepik(https://www.freepik.com/):** 디자인에 필요한 다양한 소스와 사진들을 판매하는 사이트입니다. 무료와 유료가 존재하며 옵션에서 무료만 선택해서 확인할 수 있습니다.

- 난이도 ★ · 캔버스 2000 X 2000px · 색상 RGB · 브러시 [서예] – [모노라인]
- 예제 파일 텍스처

01 [동작] – [추가] – [사진 삽입하기]로 아이패드의 사진 앨범에 저장해둔 텍스처를 불러와 주세요. 똑같이 따라 하고 싶다면 **예제 파일**을 미리 다운로드합니다.

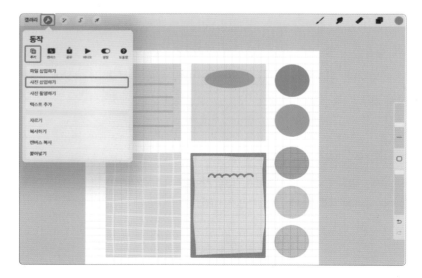

02 레이어 창을 열어 텍스처 레이어(삽입한 이미지)를 탭하고 [클리핑 마스크]를 적용시켜
주세요.

텍스처 레이어에
클리핑 마스크 적용

Note. 클리핑 마스크 vs. 알파 채널 잠금

클리핑 마스크는 선택한 레이어를 하단 레이어에 귀속하는 기능입니다. 따라서 [알파 채널 잠금]과 동
일한 기능을 합니다. 하지만 [알파 채널 잠금]과 달리 귀속한 레이어와 서로 분리된 상태를 유지한다는
차이점이 있습니다.

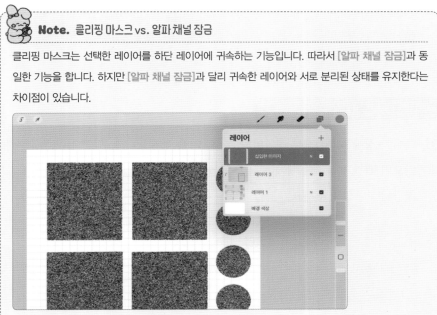

03 다시 한번 [레이어] 창을 열어 줍니다. **텍스처** 레이어에서 우측의 [N]을 누르면 해당 레이어의 불투명도 및 혼합 모드를 변경할 수 있습니다. [소프트 라이트]를 선택하고, **불투명도**는 40%를 적용합니다.

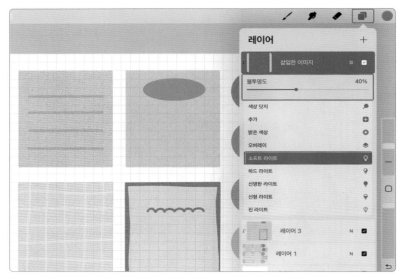

🐱 **tip.** 텍스처에 따라 어울리는 혼합 모드가 다릅니다. 직접 다양한 방법으로 테스트하면 좋습니다.

✏️ 메모지를 파일로 저장하기

01 레이어 창에서 **배경 색상** 레이어의 우측 [V]을 해제합니다. 만약에 버튼을 해제하지 않으면 배경 색상 레이어에 색상이 있을 경우 PNG 파일로 저장할 때 배경도 그대로 저장되니 주의해 주세요.

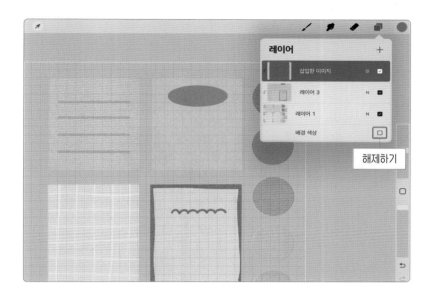

02 [동작] 툴에서 [공유] − [이미지 공유] − [PNG]로 저장합니다.

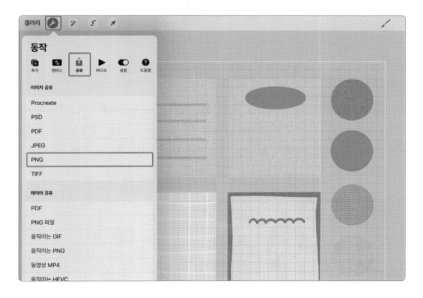

03 기본 도형만으로 만든 베이직 메모지 세트가 완성되었습니다!

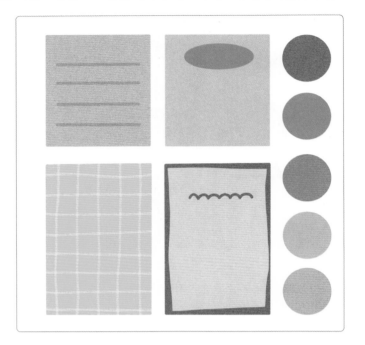

 Note. 메모지는 꾸미는 요령이 중요해요

사이즈나 모양을 다양하게 만들어도 좋지만, 특히 메모지는 퀵세이프로 만들어 둔 동일한 도형들에 세부 디자인 변화만 줘도 완전히 다른 콘셉트의 디지털 굿즈를 만들 수 있습니다. 또한 어떤 브러시를 사용하느냐에 따라 디자인의 느낌이 달라지니 다양한 브러시를 활용하면서 자신만의 스타일을 찾아보시기 바랍니다.

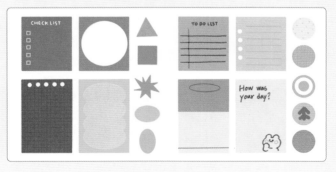

Lesson 02
다양한 감정을 표현하는 캐릭터 스티커

나만의 캐릭터 그리기를 연습하고 다양한 감정을 표현할 수 있는 스티커를 만들어 볼까요? 우선 캐릭터 얼굴을 드로잉하고 레이어를 활용해 동일한 얼굴에 다른 표정을 그리는 방법도 소개합니다. 그리고 캐릭터 얼굴 뒤에 그림자를 만들어 스티커를 더 입체적으로 보이게 하는 방법까지 순서대로 연습해 보세요.

실습을 준비해요

- 난이도 ★★★ • 캔버스 2000 X 2000px • 색상 RGB
- 브러시 [서예] – [모노라인], [에어브러시] – [소프트 브러시]

도형으로 캐릭터 얼굴 그리기

01 퀵세이프로 원형을 그리고 정중앙에 십자형을 표시해 주세요.

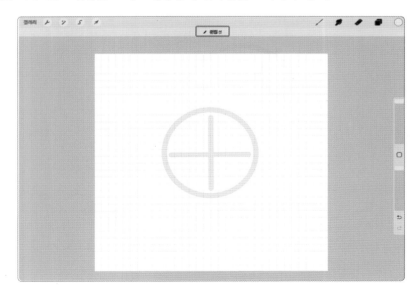

02 그려둔 십자형 표시의 가로선을 기준으로 양 끝에 귀 모양의 작은 원형을 그려 주세요.

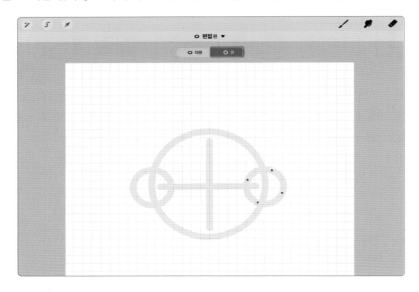

03 레이어를 추가하고 앞머리를 그려 줄게요.

tip. 각 레이어에서 그린 부분들에 연결되지 않은 빈틈이 있을 때 ColorDrop을 사용하면 캔버스 전체에 색상이 채워질 수 있으니 유의하세요.

04 얼굴 형태의 레이어 아래로 새로운 레이어를 추가한 뒤 **뒷머리**를 그려 주세요. 이때도 빈공간이 없도록 선의 끝을 다 맞춰 주세요.

05 제일 위로 새로운 레이어를 추가하고, 앞서 그렸던 정중앙 십자형을 기준으로 **눈과 입**을 그려 줍니다.

06 그린 선과 동일한 색들을 선택한 후 ColorDrop을 활용해 각각의 레이어를 색칠해 주세요.

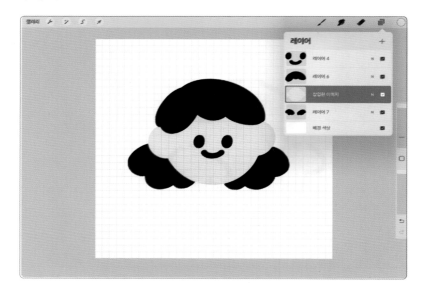

07 원하는 색상이 있다면 다시 ColorDrop을 활용해 각각의 레이어를 색칠해 주세요.

08 제일 위로 새로운 레이어를 추가해 머릿결과 볼터치 등 추가해 완성도를 높여주면 간단하게 기본형 얼굴 완성! 볼터치는 자연스러운 [소프트브러시]를 추천합니다.

![bunny] **Note.** 헤어스타일과 컬러로 개성을 표현해요

헤어스타일과 컬러만 변경해도 다른 느낌의 캐릭터를 그릴 수 있습니다. 어떤 헤어스타일로 변화를 줘야 할지 고민이 된다면 오른쪽의 예시 이미지를 참고해 보세요!

01 배경 색상 레이어를 제외하고 기본 얼굴형의 모든 레이어를 선택한 후 상단의 [그룹]을 누릅니다.

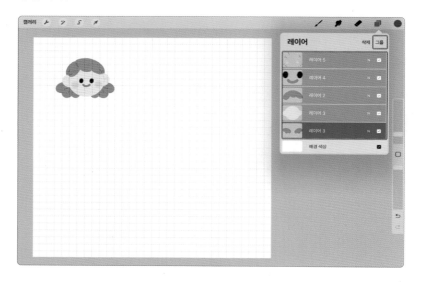

02 아래와 같이 배경 색상 레이어를 제외하고 **새로운 그룹**이 표시됩니다.

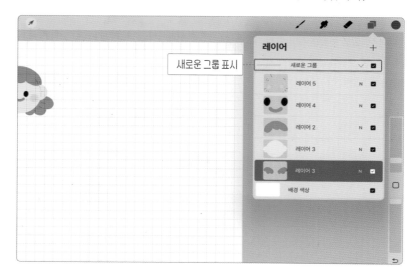

03 레이어 그룹을 왼쪽으로 스와이프하면 [잠금], [복제], [삭제]가 나옵니다. 그중 [복제]를 눌러 그룹을 복제합니다.

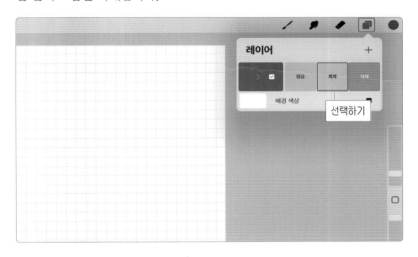

04 그룹이 똑같이 복제되었습니다.

05 복제한 그룹을 선택 후 [변형] 툴로 옆으로 이동시킵니다. 옵션에서 [균등]과 [스냅]을 이용하면 편하게 이동할 수 있습니다.

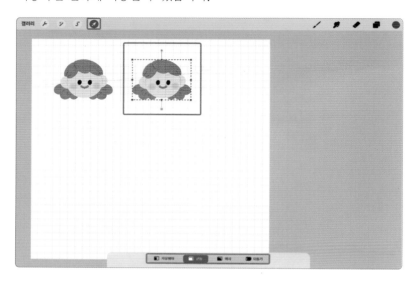

> ### Note. 스냅은 동일한 가이드라인에서 이동할 때 사용해요
>
> 스냅 기능을 활성화하면 동일한 레이어를 복사 후 이동할 때 가이드라인이 활성화되어 원하는 위치로 반듯하게 옮길 수 있습니다. 반면 비활성화하면 자유로운 이용이 가능한 대신에 동일한 위치로 옮기기 어렵습니다. 따라서 이번 실습처럼 동일한 위치로 나열하거나 요소들을 정리할 때 활용하면 좋습니다.
>
>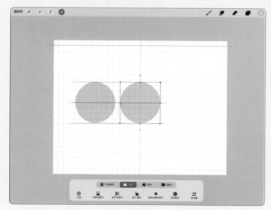

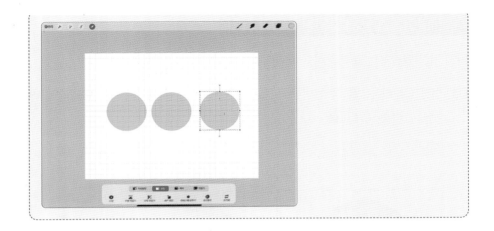

06 위의 과정들을 반복해 캔버스에 기본 얼굴형을 9개를 채워 주세요. 기본 얼굴형 준비
가 끝났습니다.

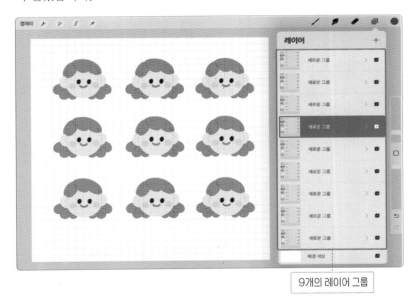

9개의 레이어 그룹

📖 레이어를 활용해 다양한 표정 그리기

이제 기본 얼굴형의 표정을 하나씩 바꿔 모두 다른 감정을 표현해 볼까요?

01 수정을 원하는 그룹을 선택한 후, 눈과 입이 그려진 레이어의 [N]을 눌러 **불투명도**를
50%로 만들어 주세요.

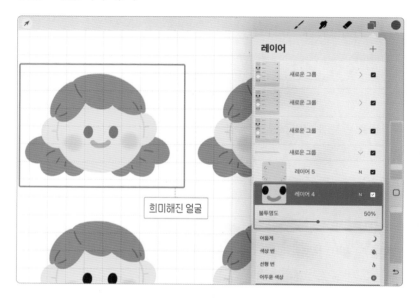

희미해진 얼굴

02 불투명도를 50%로 만들어 준 레이어 위로 새로운 레이어를 추가해, 표현하고 싶은
감정에 어울리는 표정을 그린 후에 **불투명도 50% 레이어**는 [삭제] 합니다.

기본 표정은 삭제

03 감정 표현을 더 잘 보여주기 위한 효과가 필요하다면 레이어를 추가해 그려 주세요.

맨 위에 추가

04 복사해 둔 기본 얼굴형 그룹들을 앞의 과정을 반복해 표정을 그려 나가면 다양한 감정을 표현하는 캐릭터 스티커가 완성됩니다! 완성 이미지를 참고해 여러분만의 표정들을 그려 보세요.

 Note. 디지털 굿즈로 만들면 좋은 감정 표현들

감정 표현 스티커는 일기에서 글로 쓰기 애매한 감정을 표현하거나, 나의 감정을 한눈에 보기 좋게 만들기 위해서 많이 사용합니다. 제일 크게는 기쁨, 슬픔, 분노에서 출발하되 이 감정을 더 구체화하는 게 좋습니다. 그래서 기쁨을 예로 들면 기뻐서 짓는 미소, 신나는 미소, 기쁨에 반짝이는 눈동자 같이 어떤 형태의 감정인지를 세분화시켜서 표현합니다. 이러한 감정을 찾기 위해서는 평소에 쓴 일기의 감정을 들여다보고, 카카오톡 등 메신저의 이모티콘을 참고하면 좋습니다.

🖎 입체감을 위한 그림자 만들기

01 완성된 레이어 그룹들을 선택한 후 상단의 [그룹]을 눌러 주세요.

02 그룹 레이어를 탭하고 [병합]해서 하나의 레이어로 만들어 주세요.

03 병합된 레이어를 왼쪽으로 스와이프해 복제해 주세요.

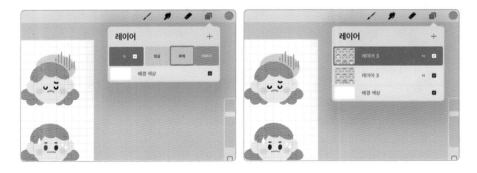

04 복제된 레이어를 선택하고 [조정] 툴에서 [색조], [채도], [밝기]를 눌러 주세요. 캔버스 하단에 뜨는 3개의 메뉴 중 **밝기**를 왼쪽 끝까지 슬라이드해 **없음** 상태로 만들어 주세요. 복제된 레이어가 모두 검정색으로 변했습니다.

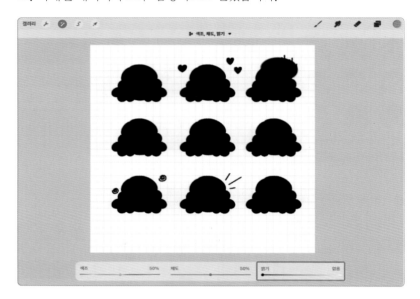

05 [레이어] 창에서 검정색이 된 레이어를 아래로 이동해 주세요.

06 검정색 레이어를 선택하고 [변형] 툴을 선택해서 캐릭터보다 아주 조금 우측 아래로 이동해 줍니다.

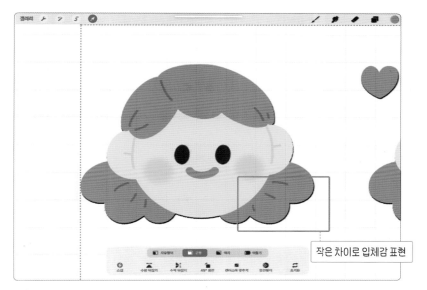

작은 차이로 입체감 표현

tip. 너무 많이 움직이면 더 어색해 보일 수 있습니다.

07 그림자 레이어의 [N]을 누르고 불투명도를 30%로 조절해 주세요.

08 은은하게 입체감이 느껴지는 그림자 완성! 그림자의 위치와 투명도를 취향에 맞게 조
절해 보세요.

아날로그 감성을 담은 디저트 스티커

텍스처를 삽입하지 않아도 브러시를 잘 활용하면 손그림을 그린 것 같은 아날로그 감성을 살릴 수 있습니다. 카페에서 찍은 사진을 참고하면서, 아날로그 감성을 담은 드로잉을 연습해 보겠습니다.

실습을 준비해요

- **난이도** ★★★★ • **캔버스** 2000 X 2000px • **색상** RGB
- **브러시** [잉크] – [잉크 번짐], [에어브러시] – [소프트 브러시], [스프레이] – [털어주기] • **예제 파일** 카페

🖐️ 레퍼런스를 꺼내서 편하게 스케치하기

01 그리는 데 참고할 사진을 준비한 후, 프로크리에이트에서 새로운 캔버스를 만들어 주세요. 똑같이 따라 하고 싶다면 **예제 파일**을 미리 다운로드합니다.

02 [동작] 툴에서 [캔버스] – [레퍼런스]를 눌러서 **레퍼런스** 창을 활성화합니다. 레퍼런스는 현재 작업하고 있는 캔버스의 전체 모습을 한눈에 보거나, 참고할 이미지를 꺼내서 볼 수 있는 기능입니다.

03 [레퍼런스] 창에서 [이미지] – [이미지 불러오기]를 눌러 참고하고 싶은 이미지를 선택해 주세요.

04 [레퍼런스] 창 위쪽의 **작은 바**를 누른 상태로 옮기면서 참고하기 편한 위치로 이동시킵니다.

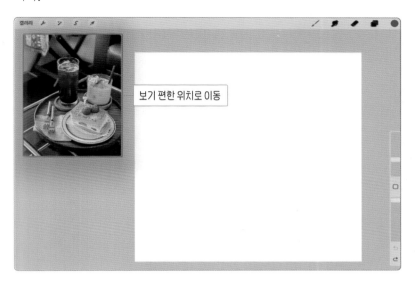

05 이미지 속의 사물들을 단순하게 스케치합니다. 브러시는 [잉크 번짐]입니다.

🐻 **tip.** 세부적인 형태를 전부 표현하는 게 아니라, 전체적인 형태를 단순하게 도형화한다고 생각하면 훨씬 쉽습니다.

06 레이어 창을 열어 스케치 레이어의 **불투명도**를 **10%**로 만들어 주세요. 스케치가 완성되었습니다.

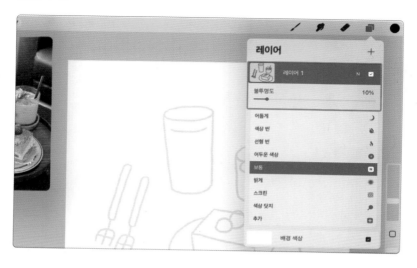

🖌️ 유리잔에 담긴 아이스 음료 그리기

01 새로운 레이어를 스케치 위에 추가해 주세요.

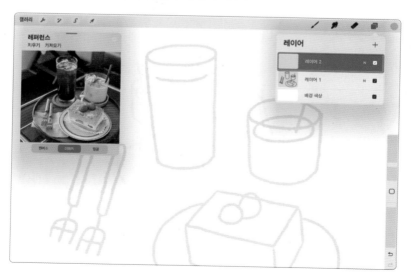

02 유리잔을 표현할 연한 그레이 색상을 선택한 뒤, 스케치를 따라 형태를 잡아 줍니다.

03 새로운 레이어를 추가해 유리잔 레이어 아래로 이동합니다.

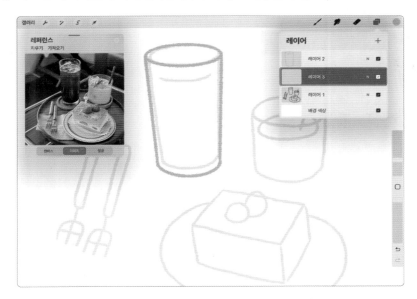

레퍼런스의 색상을 직접 사용하고 싶다면 레퍼런스 사진에서 원하는 색상의 위치를 꾹 눌러 줍니다. 스포이드처럼 해당 색상이 선택됩니다.

04 레퍼런스의 스포이드 혹은 직접 고른 커피 색상으로 유리잔 안의 음료를 그립니다. 유리잔 형태를 그대로 따라 먼저 제일 윗면을 그리고 색칠합니다.

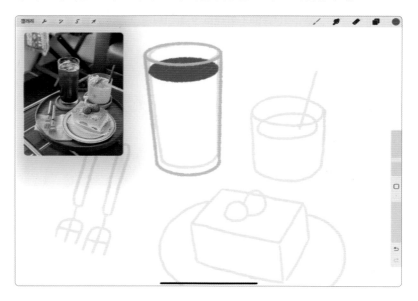

05 윗면을 그린 색상보다 더 어두운 색상을 선택하고 아랫부분을 그리고 색칠해 주세요. 이때 흰 캔버스가 살짝 보이도록 자연스럽게 색칠하면, 브러시의 텍스처가 강조되어 아날로그 느낌을 더 살릴 수 있습니다.

06 다시 레이어를 추가하고, 유리잔 레이어와 음료 레이어 사이로 이동합니다.

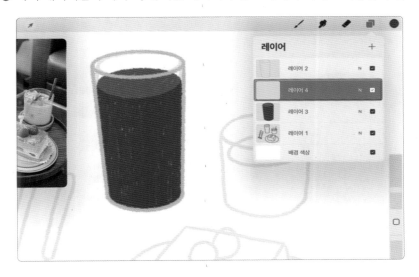

07 제일 윗면을 칠한 색상보다 더 연한 색상으로 얼음을 표현합니다.

tip. 겹쳐진 얼음을 표현할 때는 사이에 빈틈을 만들어 주세요. 더 입체감 있게 표현됩니다.

08 커피의 농도를 표현하기 위해서 [지우개]를 선택하고 [브러시 라이브러리]에서
[에어브러시] – [소프트 브러시]를 선택합니다.

09 사이드바에서 **불투명도**를 50%로 낮춰 주세요.

10 얼음을 아래에서 위로 힘을 빼듯이 조금씩 지워 끝단을 희미하게 만들어 줍니다.

11 윗면의 경계선 쪽을 특히 더 흐릿하게 만들어 입체감을 표현합니다.

12 이러한 과정을 활용하여 **동일한 레이어**에 다른 음료도 그려 보세요.

13 이제 빨대를 추가해 볼까요? 제일 상단에 새로운 레이어를 추가합니다.

14 [잉크 번짐] 브러시로 **퀵세이프**하여 원하는 각도의 반듯한 직선을 그려 주세요.

15 얼음처럼 [지우개]로 경계선을 자연스럽게 지워서 입체감을 만들어 주세요.

자연스러운 입체감

16 이제 스케치 레이어를 끄고 결과물을 확인하면 완성!

01 새로운 레이어를 추가하고 스케치를 따라 케이크의 윗면을 그려서 색칠합니다.

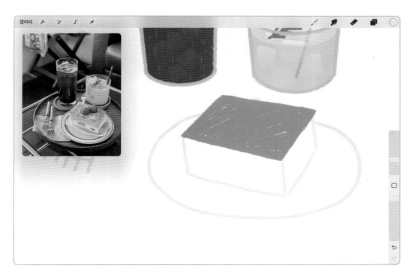

02 케이크 윗면의 아래로 새로운 레이어를 추가한 후, 케이크 옆면을 스케치를 따라 색칠합니다.

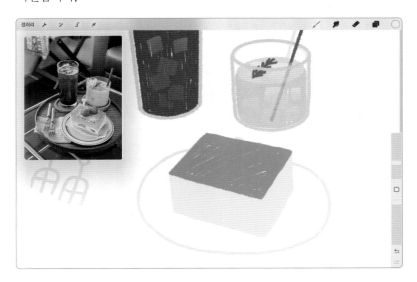

03 케이크 옆면 레이어를 [알파 채널 잠금] 상태로 만든 뒤, 생크림처럼 보일 수 있도록
흰색으로 중앙을 가로질러 색칠해 줍니다.

04 케이크 속 딸기를 표현하기 위해 생크림을 그린 부분 위에 반원형을 그려 주세요.

사진 속 케이크처럼 자른 딸기

05 연한 핑크로 반으로 자른 딸기의 단면을 더 자세히 묘사합니다.

06 케이크 옆면보다 조금 더 진한 색상을 선택해서 케이크 모서리 부분과 생크림을
중심으로 질감을 더합니다.

07 제일 상단에 레이어를 추가하고 딸기를 도톰한 물방울 형태로 그려 주세요.

08 딸기보다 진한 색상으로 딸기씨를 표현하고, 초록색 잎으로 장식해 주세요.

09 레이어 창을 열어 케이크 윗면 레이어를 선택하고 [알파 채널 잠금]해 주세요.

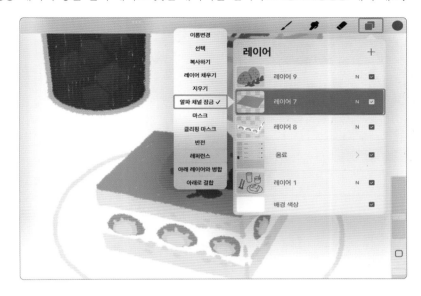

10 [브러시 라이브러리] 툴에서 [스프레이] – [털어주기]를 선택해 주세요.

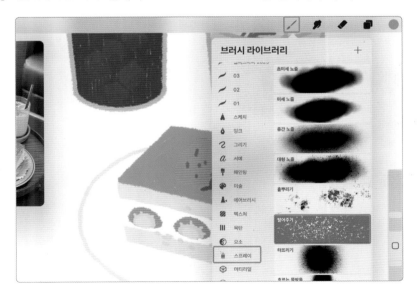

11 케이크 윗면에 슈가 파우더를 자연스럽게 그려 주세요.

12 케이크 윗면보다 더 진한 색상을 선택합니다. 케이크가 더 입체적으로 보이도록 칠해 두께감을 만들고, 딸기와 초록잎 아래로 그림자를 그려 주세요.

13 레이어 창을 열어 하단에 레이어를 추가하고 케이크가 담긴 접시를 그린 후에 원하는
색상으로 꾸며 주세요.

14 스케치 레이어를 끄고 결과물을 확인하면 완성!

01 레이어를 추가한 후, 스케치를 따라서 포크의 형태를 잡아줍니다.

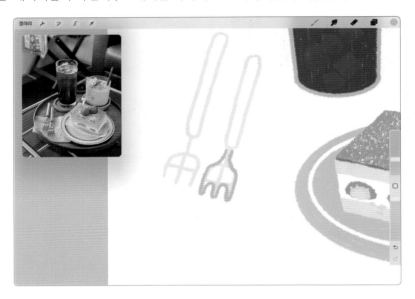

02 포크 이음매도 그리면서 색칠합니다.

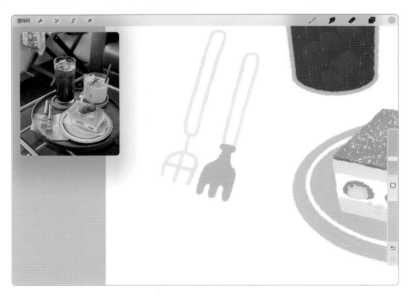

03 새 레이어를 추가하고, 포크의 손잡이를 긴 원통 형태로 그리고 색칠합니다.

04 포크의 손잡이를 그린 레이어를 선택 후 [알파 채널 잠금]을 설정합니다.

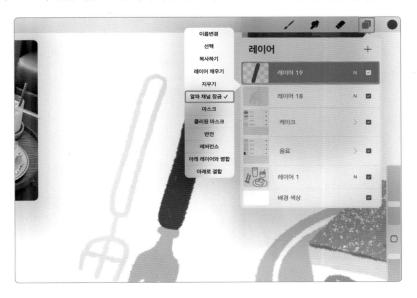

05 포크보다 어두운 색상으로 체크무늬 패턴을 넣어 주세요.

06 포크 레이어와 체크무늬 패턴 레이어를 [그룹]으로 만들고 레이어 그룹을
[복제] 해 주세요.

07 [변형] 툴로 복제한 그룹을 옆의 포크로 옮겨 주세요.

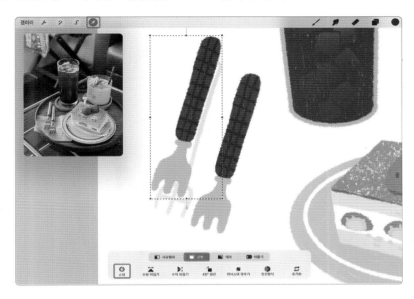

08 복제한 그룹의 손잡이 레이어에서 [조정] 툴의 [색조], [채도], [밝기]를 선택합니다. 색조와 채도 등을 스와이프해 다른 색상으로 만들어 주세요.

Note. 색상을 세밀하게 조정하는 옵션

- **색조:** 색상을 조절할 수 있습니다.
- **채도:** 색상의 맑고 탁한 정도를 조절합니다. 높을수록 진하고 선명한 색, 낮을수록 어둡고 흐린 색이 됩니다.
- **밝기:** 색상의 밝고 어두운 정도를 조절합니다.

09 스케치 레이어를 끄면 완성!

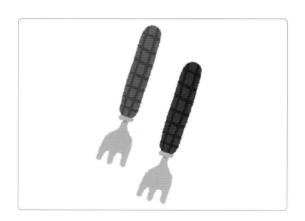

🖌️ 아날로그 분위기의 노이즈 입히기

01 스케치 레이어를 제외하고 모든 모든 레이어 혹은 그룹을 선택 후, 하나의 레이어로 병합해 주세요.

스케치 레이어는 제외

> 🐸 **tip.** 이때 꼭 스케치 레이어를 숨겨서 함께 병합되지 않도록 주의해 주세요. 또한 한 번 적용된 효과는 취소할 수 없으니, 노이즈를 적용하기 전에 원본을 보관하고 싶다면 원본 레이어를 복제해 숨겨 두세요.

02 [조정] − [노이즈 효과]를 눌러 주세요.

03 펜슬을 가로로 그으면 상단의 노이즈 효과 %가 변하는 걸 확인할 수 있습니다. 눈으로 확인하면서 원하는 만큼의 효과를 추가해 주세요.

04 효과를 추가하고 배경 색상 레이어를 숨겨 주세요.

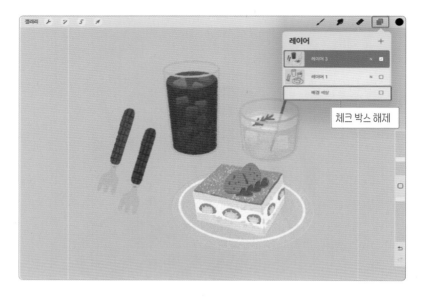

05 [동작] 툴에서 [공유] - [PNG]로 저장합니다.

06 아날로그 감성이 느껴지는 디저트 스티커가 완성되었습니다.

Note. 다양한 스티커를 만들어요

사진을 찍어서 레퍼런스로 활용하는 방법으로 다양한 일상 스티커를 만들 수 있습니다. 일상에서 영감을 얻고 주변에서 볼 수 있는 친숙한 사물들부터 다양하게 그려 보세요.

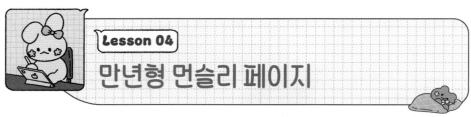

만년형 먼슬리 페이지

Lesson 04

디지털 템플릿의 기본이자 다이어리의 가장 기초가 되는 먼슬리 페이지를 만들어 볼게요! 다양하게 활용할 수 있도록 만년형으로 제작해 봅니다.

실습을
준비해요

- 난이도 ★★★★ • 캔버스 A4 • 색상 RGB
- 브러시 [잉크] – [잉크 번짐]

먼슬리 페이지의 기본 폼 그리기

01 프로크리에이트에서 기본으로 설정된 캔버스 중 [A4]를 선택해 주세요.

02 세로 방향인 캔버스를 두 손가락으로 가로로 돌려 주세요.

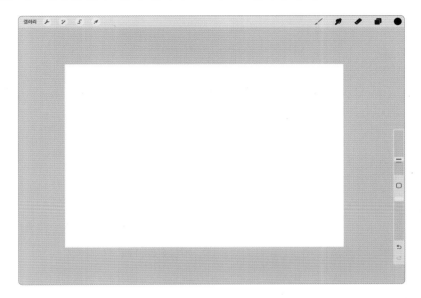

03 [동작] – [캔버스] – [그리기 가이드]를 활성화해 주세요.

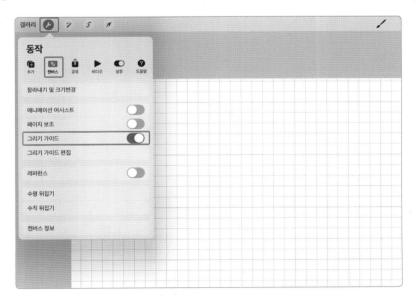

04 그 후 [그리기 가이드 편집]을 눌러 주세요. 하단의 메뉴 중 **격자 크기**에 입력된 숫자를 눌러 주세요.

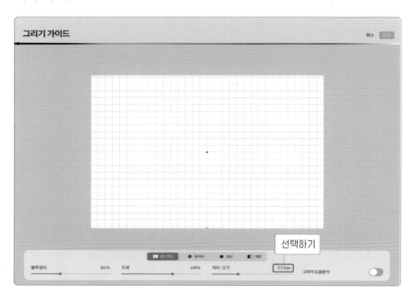

05 숫자 키패드가 뜨면 100을 입력하고 [완료]를 눌러 주세요.

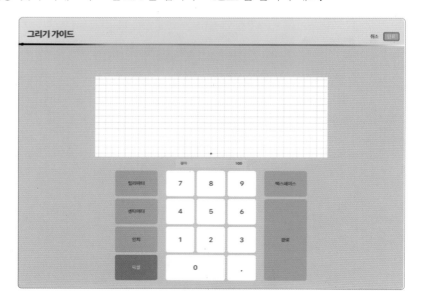

06 하단 메뉴에서 [그리기 도움받기]를 활성화하고 우측 상단의 [완료]를 눌러 주세요. 이 기능은 레이어에서 설정하는 [그리기 도우미]와 동일한 기능입니다.

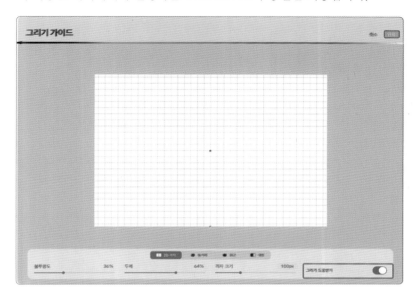

07 잉크 번짐 브러시를 선택하고 사이드바에서 브러시 크기를 5%로 만들어 주세요.

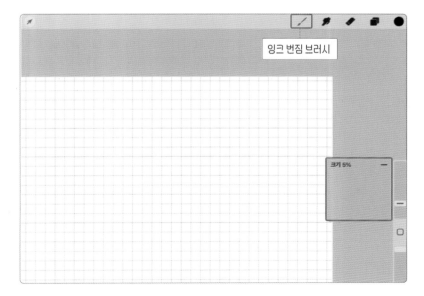

08 먼슬리 폼의 제일 하단 선을 먼저 그려 볼게요. 가장 하단에서 위로 **1칸 반**, 오른쪽 끝에서 **3칸 반**을 띄우는 지점부터 왼쪽 끝의 **3칸 반**이 남은 지점까지 일직선으로 쭉 그어 줍니다.

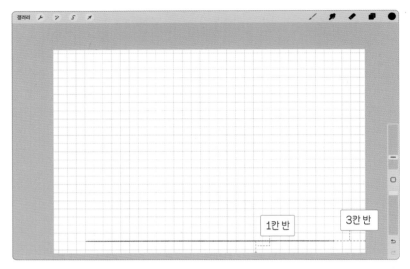

🐻 **tip.** 그리기 도움받기 기능이 설정되어 있어 꾹 누르지 않아도 반듯하게 일직선이 자동으로 그어져요.

09 그려둔 선을 기준으로 **3칸**을 띄운 후 다시 선을 그려 주세요.

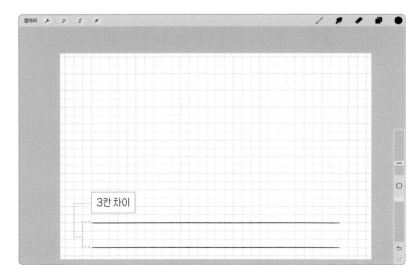

10 이 방법을 반복해 총 6개의 선을 그려 주세요.

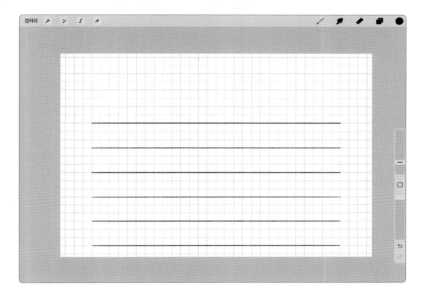

11 이제 세로선을 그립니다.

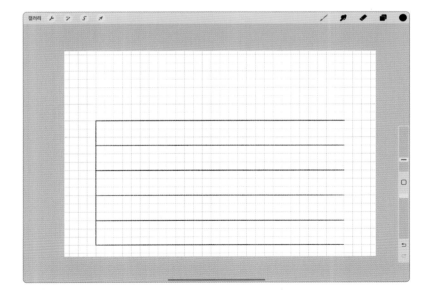

12 그려둔 선을 기준으로 **4칸**을 띄운 후 다시 선을 그려 주세요.

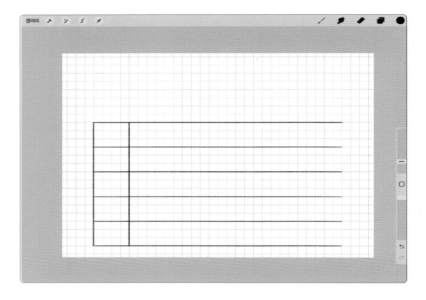

13 이 방법을 반복해 총 8개의 세로선을 그어주면 먼슬리 칸이 완성됩니다.

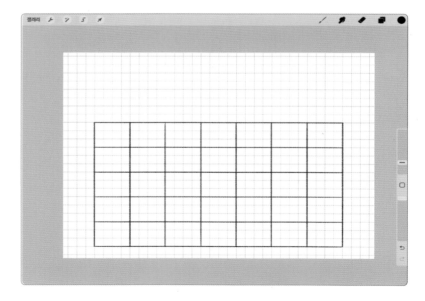

14 레이어를 추가하고 먼슬리 칸 1칸씩을 기준으로 요일을 써 주세요.

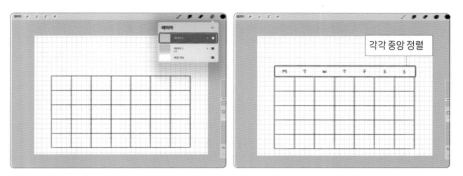

🐻 **tip.** 월요일부터 시작할지 일요일부터 시작할지는 취향대로 선택합니다.

15 요일이 강조될 수 있도록 **두껍게** 만들어 주세요. 이때 원하는 형태로 다듬다 보면 독특한 글씨체가 완성됩니다.

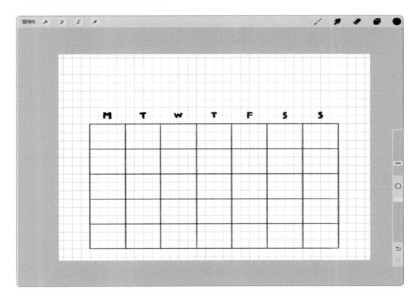

Note. 삐뚤빼뚤 두꺼운 글씨 만들기

1. 모음, 자음, 알파벳 사이에 여백이 느껴지도록 간격을 넓게 글씨를 써 주세요.

쿠 의 취 향

TASTE OF KOOO

2. 한쪽 면으로만 두께를 만들어 주세요.

쿠 의 취 향

TASTE OF KOOO

3. 만들어준 두께를 색칠해 주세요. 이때 색상 채우기가 아니라 직접 칠해야 더 삐뚤빼뚤한 손글씨 감성을 줄 수 있습니다.

쿠 의 취 향

TASTE OF KOOO

16 이제 월을 쓸 수 있는 공간을 만들어 볼게요. 요일을 써넣은 칸을 중심으로 1칸을 비우고 가로 3칸, 세로 3칸의 정원을 그려 주세요.

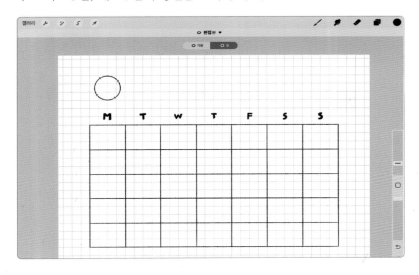

17 월을 강조할 수 있도록 색상을 채워 주세요. 선택 사항이니 취향대로 색을 채워도 좋고 채우지 않아도 괜찮습니다.

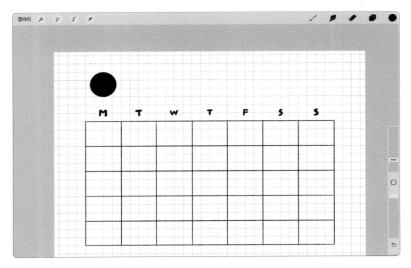

🐻 **tip.** 이때 브러쉬 특성상 빈틈이 생길 수 있으니 꼭 빈틈이 없도록 테두리를 여러 번 그은 후 채워 주세요.

색상을 추가해 페이지 완성하기

01 그려둔 먼슬리 폼 레이어를 모두 선택하고 합쳐서 하나의 레이어로 만들어 주세요.

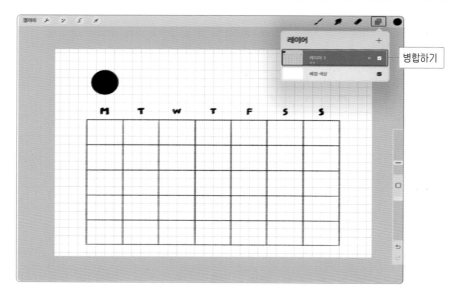

병합하기

02 합친 레이어 아래로 새로운 레이어를 추가해 주세요.

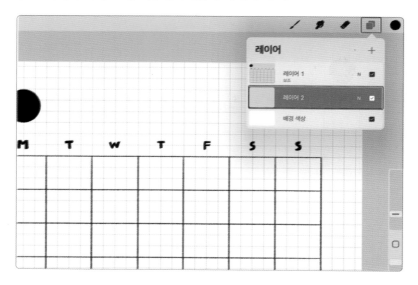

03 배경색이 될 색상을 선택한 후 채워 주세요.

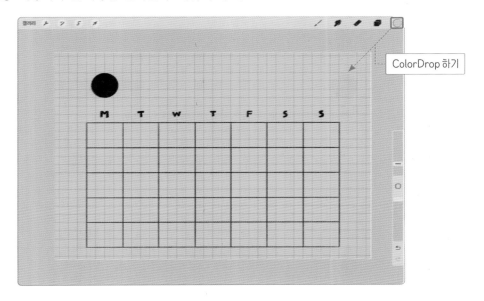

ColorDrop 하기

04 배경색 레이어 위로 새로운 레이어를 추가해 주세요.

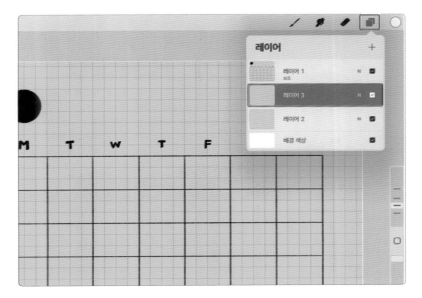

05 먼슬리 칸에 맞춰 [직사각형]을 그린 뒤 원하는 색상을 채워 주세요.

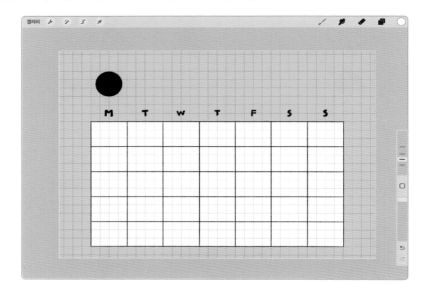

06 먼슬리 폼 레이어 위로 새로운 레이어를 추가한 후 [클리핑 마스크]를 활성화해 주세요.

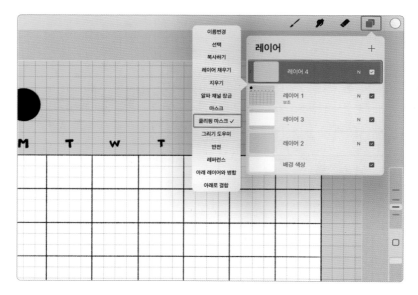

07 클리핑 마스크를 한 레이어에서 토요일과 일요일에 원하는 색상으로 채워 주면 만년 먼슬리 페이지가 완성됩니다.

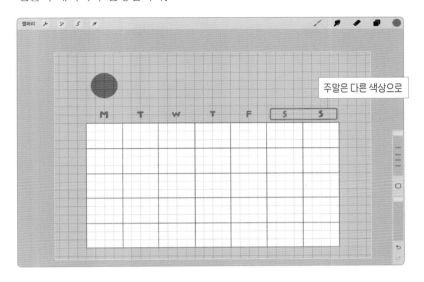

주말은 다른 색상으로

PDF 파일로 저장하기

01 완성된 먼슬리를 다양한 문서 또는 필기앱에서 사용할 수 있도록 PDF 파일로 저장 하겠습니다. [동작] – [공유] – [이미지공유] – [PDF]를 눌러 주세요.

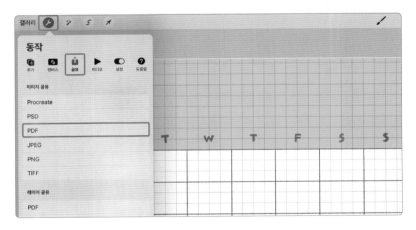

02 PDF 품질을 최상으로 선택해 주세요.

03 원하는 곳에 내보내면 PDF 형태로 최종 완성된 먼슬리 템플릿 페이지를 확인할 수 있습니다.

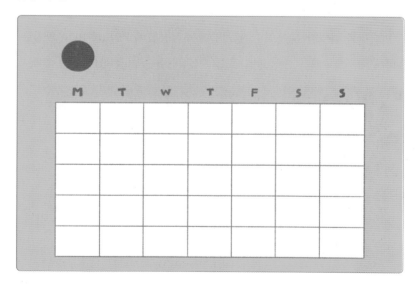

Note. 무궁무진하게 먼슬리 응용하기

먼슬리 템플릿은 브러시와 색상, 텍스트 추가 여부에 따라 다양한 느낌으로 표현할 수 있어요! 여러분의 취향껏 다양하게 응용해 보세요!

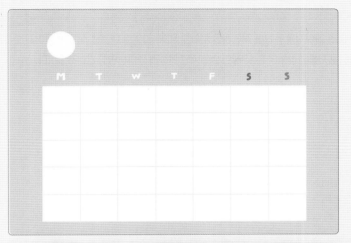

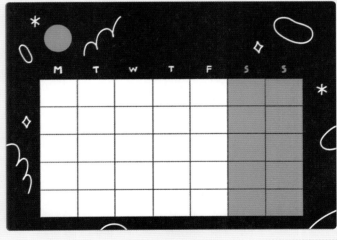

Lesson 05
신년형 먼슬리 다이어리

프로크리에이트에는 여러 페이지를 동시에 작업하고 하나의 PDF 파일로 내보낼 수 있는 페이지 보조가 있습니다. 이 기능을 이용해 표지를 포함하여 총 13장의 2024년 먼슬리 다이어리를 만들겠습니다.

• 난이도 ★★★★★ • 캔버스 A4 • 색상 RGB
• 브러시 [잉크] – [잉크 번짐] • 예제 파일 만년형 먼슬리 템플릿

다이어리 템플릿을 만들기 위한 기본 설정하기

01 먼저 갤러리에서 앞선 실습에서 작업한 먼슬리 페이지 완성본 파일을 가져오거나 예제 파일을 준비합니다. 이 파일을 오른쪽에서 왼쪽으로 슬라이드해서 메뉴를 확인하고 [복제]해 주세요.

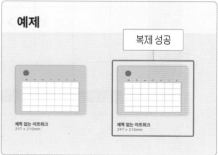

02 복제한 먼슬리 페이지를 열어 **배경 색상** 레이어를 제외하고 모든 레이어를 선택한 후
상단의 [그룹]으로 만들어 주세요.

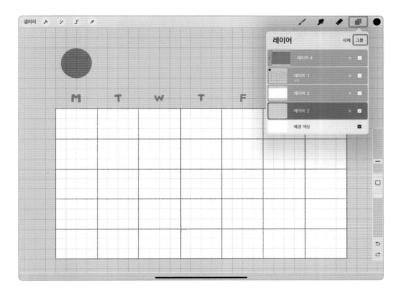

03 그룹을 선택 후 오른쪽에서 왼쪽으로 스와이프해 [복제]해 주세요.

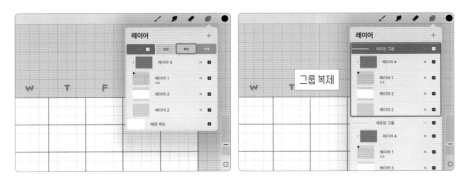

04 복제를 반복해 총 12개의 그룹을 만들어 주세요.

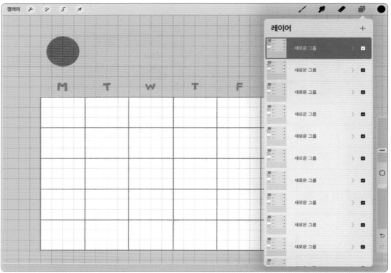

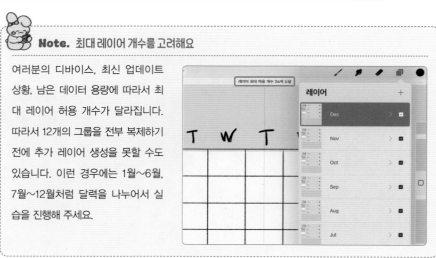

Note. 최대 레이어 개수를 고려해요

여러분의 디바이스, 최신 업데이트 상황, 남은 데이터 용량에 따라서 최대 레이어 허용 개수가 달라집니다. 따라서 12개의 그룹을 전부 복제하기 전에 추가 레이어 생성을 못할 수도 있습니다. 이런 경우에는 1월~6월, 7월~12월처럼 달력을 나누어서 실습을 진행해 주세요.

05 그룹들을 월별로 구별하기 위해 그룹명을 바꿔주겠습니다. 제일 아래의 그룹부터 그룹을 **더블 탭**해 [이름변경] 메뉴를 눌러 주세요.

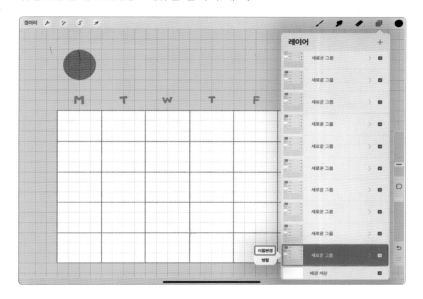

06 그룹명을 1월로 입력합니다. 영어 등 외국어로 입력해도 좋습니다.

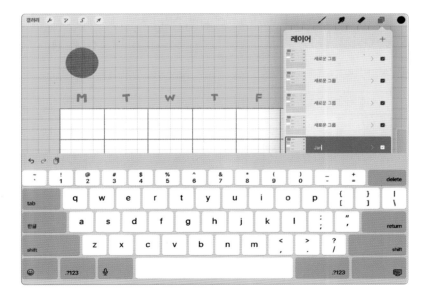

07 이 방법을 반복해 아래부터 순서대로 이름을 바꿔 주세요.

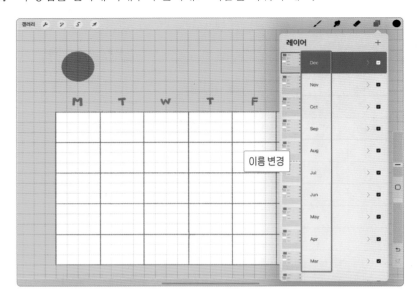

08 이제 [동작] – [캔버스] – [페이지 보조]를 활성화합니다. **페이지 보조**가 화면 아래쪽에 표시되며 만들어둔 레이어 그룹들이 한 페이지씩 보입니다. 이제 편하게 이동할 수 있습니다. 다이어리를 만들기 위한 기본 설정이 끝났습니다.

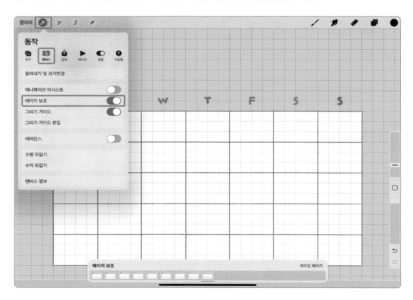

영문 달력 표기

달력을 만들 때 헷갈리기 쉬운 달력용 영문 표기법을 소개합니다. 달과 요일의 약자는 완전히 통일된 게 아니라 다양한 표기 방식이 있으니 여러분의 스타일에 맞게 만들어 보세요.

월	영어	약자	
1월	January	Jan.	JA
2월	February	Feb.	FE
3월	March	Mar.	MR
4월	April	Apr.	AP
5월	May	May	MY
6월	June	Jun.	JN
7월	July	Jul.	JL
8월	August	Aug.	AU
9월	September	Sep.	SE
10월	October	Oct.	OC
11월	November	Nov.	NV
12월	December	Dec.	DE

요일	영어	약자		
월요일	Monday	Mon.	Mo.	M
화요일	Tuesday	Tue.	Tu.	T
수요일	Wednesday	Wed.	We.	W
목요일	Thursday	Thu.	Th.	T / R
금요일	Friday	Fri.	Fr.	F
토요일	Saturday	Sat.	Sa.	S
일요일	Sunday	Sun.	Su.	S / U

🖋 원하는 색상으로 월마다 채우기

01 1월 레이어 그룹에서 기본 폼의 **바탕 색상**이 되는 레이어를 선택해 주세요.

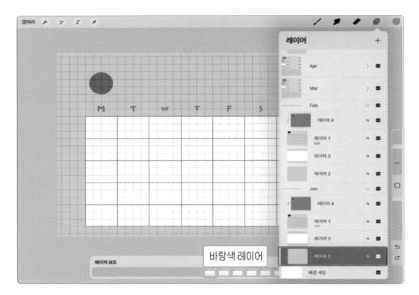

02 ColorDrop으로 원하는 색상으로 바꿔 주세요.

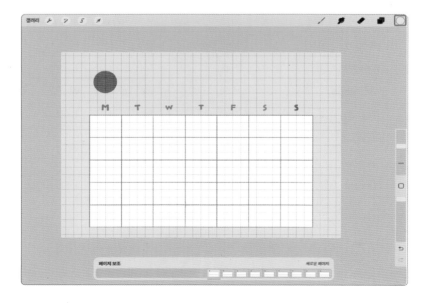

03 그룹을 열고 **클리핑 마스크**를 했던 색상 레이어를 선택해 주세요.

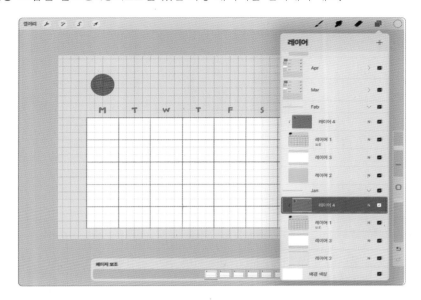

04 원하는 색상을 선택하고 다시 ColorDrop으로 채우면 끝입니다.

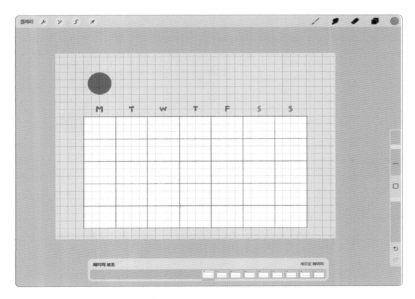

05 다른 월도 위와 동일한 방법으로 월마다 원하는 색상으로 채워 주세요.

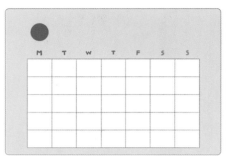 

월과 날짜 쓰기

01 1월 그룹으로 돌아와서 맨 위에 새로운 레이어를 추가해 주세요.

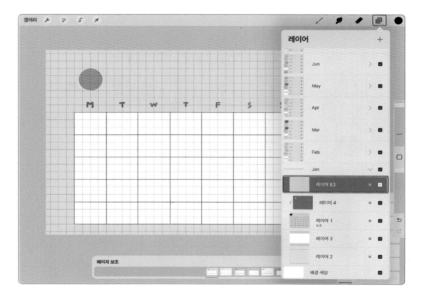

02 1월의 월과 일을 써 주세요. 글씨가 삐뚤빼뚤할수록 매력적입니다. 또한 날짜는 가이드 라인의 가장 첫 번째 칸에 들어갈 수 있게 써 주세요.

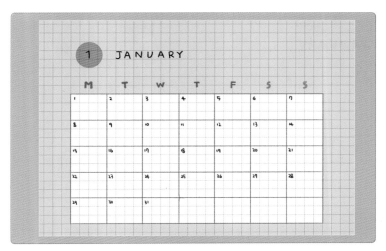

tip. 특정한 연도에만 사용할 달력을 만들 때는 날짜를 꼼꼼하게 확인해야 합니다. 글씨를 쓰기 전에 반드시 인터넷에서 '내년 달력' 등으로 달력 정보를 검색해서 확인하고 작성해 주세요.

03 월이 강조될 수 있도록 두껍게 만들어 주세요. 이때 원하는 형태로 다듬으면 개성 있는 글씨체가 완성됩니다.

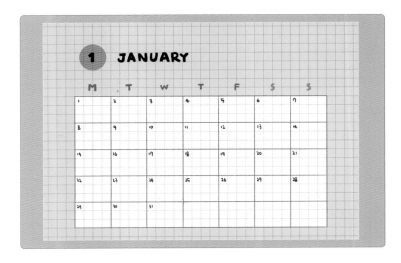

04 월과 일을 쓴 레이어 위에 새로운 레이어를 추가하고 클리핑 마스크 상태로 만들어 주세요.

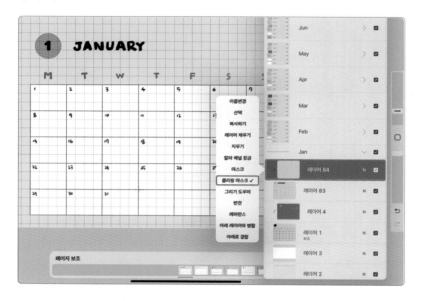

05 원하는 색상으로 색칠해 줍니다.

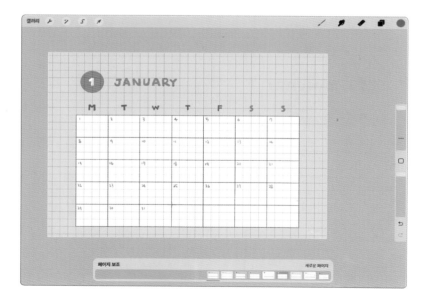

06 다른 월도 위와 동일한 방법으로 월과 일을 작성해 주세요.

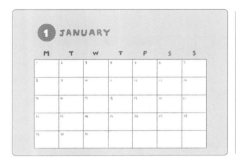

🖋️ 일러스트를 그려서 먼슬리 완성하기

01 각 먼슬리 페이지에 일러스트를 추가해 꾸며보겠습니다. 먼저 새로운 레이어를 추가
해 주세요.

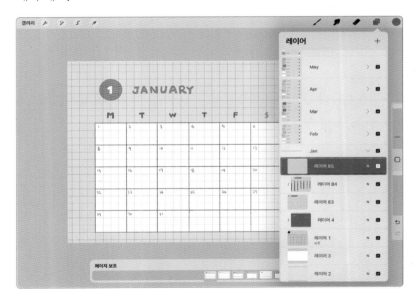

02 그 달에 어울리는 걸 상상하며 가볍게 그림을 그려 주세요. 1월은 해가 떠오르는 산을 떠올리며 그렸습니다.

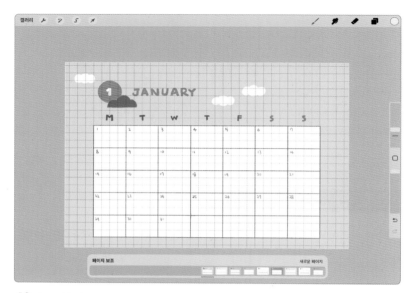

🐷 **tip.** 실습의 스타일은 글자부터 삐뚤빼뚤하게 시작했기 때문에 정교하게 그리기보다는 자유롭게 그려야 전체적인 분위기에 어울립니다!

03 하얗게 색칠한 먼슬리 칸 레이어 위로 새로운 레이어를 추가한 뒤 클리핑 마스크 상태로 만들어 주세요.

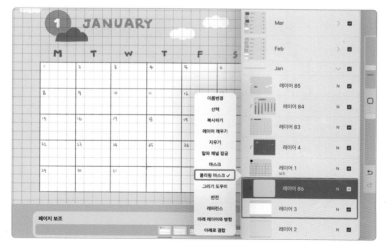

04 날짜가 없는 빈칸에 다시 [직사각형]을 그려 색상을 채워 주세요. 이때 색상은 전체 분위기에 어울리는 컬러로 선택해 주세요.

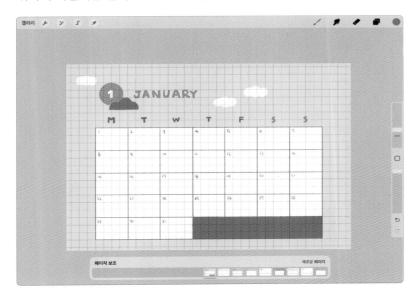

05 취향에 따라 [N] 버튼을 누르고 **불투명도**를 조절해도 괜찮습니다.

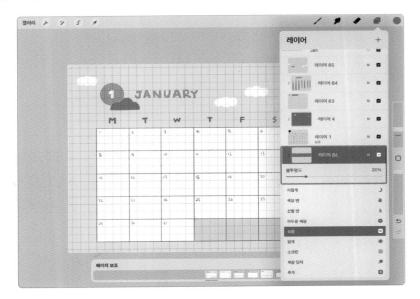

06 이렇게 1월 먼슬리 다이어리가 완성되었습니다.

07 위의 방법을 응용해 다른 월도 꾸며 보세요.

🐸 **tip.** 나머지 캘린더는 오른쪽 QR코드를 확인해 보세요

커버 만들기

01 하단의 **페이지 보조** 탭에서 오른쪽의 **[새로운 페이지]**를 눌러 추가해 주세요.

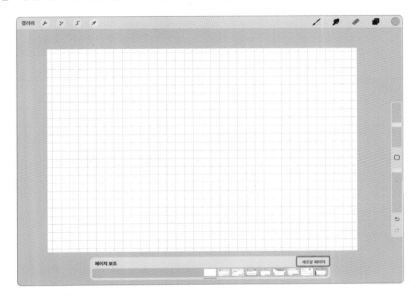

02 레이어 창을 열어 새로운 레이어를 추가해 주세요.

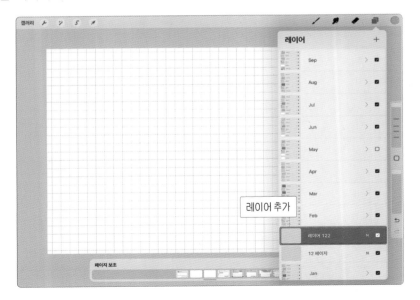

03 추가한 페이지와 레이어를 하나의 그룹으로 만들어 주세요.

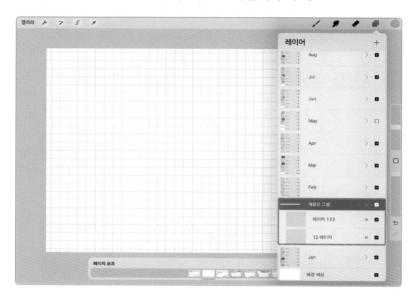

04 페이지 보조의 순서가 최종적으로 페이지 순서가 되기 때문에 새로 추가한 그룹을 첫 번째로 옮겨 주세요.

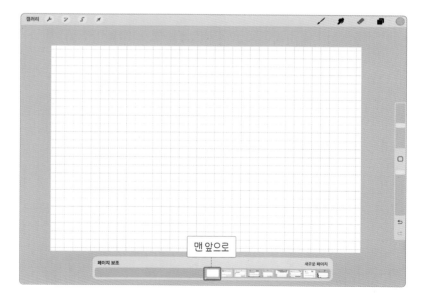

05 가장 하단 레이어를 선택 후 커버의 배경이 될 색상을 채워 주세요.

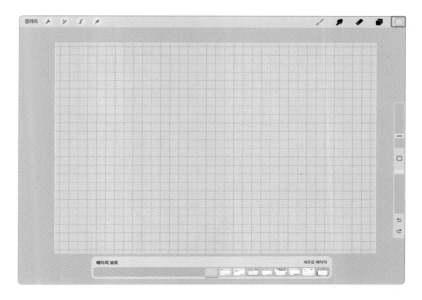

06 새로운 레이어를 추가하고, 다이어리 타이틀을 원하는 대로 적어 주세요.

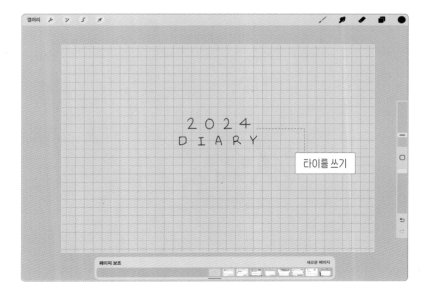

타이틀 쓰기

07 [이동] – [스냅]을 활성화하고 글자가 페이지의 가운데에 위치하도록 조정해 주세요. 캔버스의 정중앙에 오면 노란색 선이 표시되었다 사라집니다.

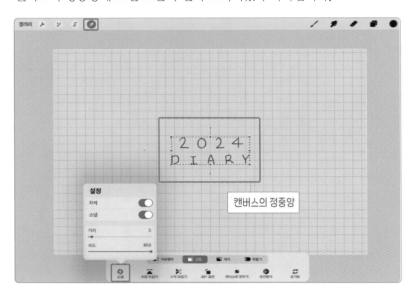

08 다이어리 타이틀을 두껍게 만들어 주세요.

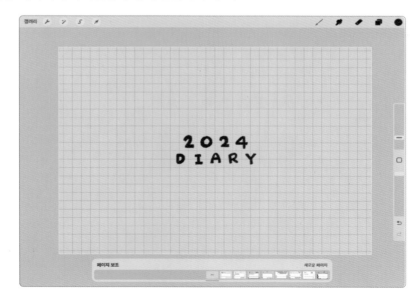

09 새로운 레이어를 추가해 주세요.

10 타이틀이 가려지지 않도록 공간을 두고 다양한 도형들을 그려 주세요.

11 도형을 색칠해 주세요. 이때 브러시의 느낌을 살릴 수 있도록 ColorDrop으로 색상을 채우기보단 **직접 색칠**하는 게 좋습니다.

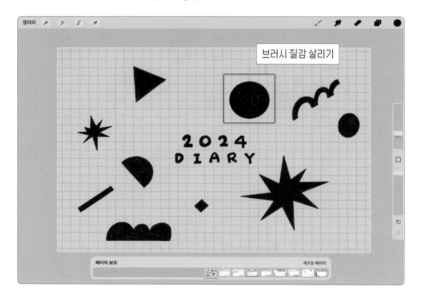

12 새로운 레이어를 추가한 후 [클리핑 마스크] 상태로 만들어 주세요.

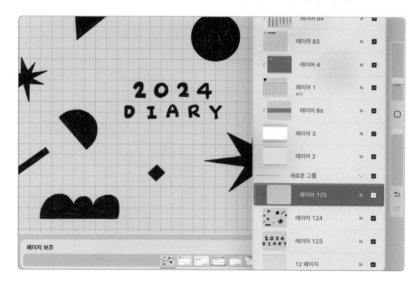

13 원하는 색상으로 도형을 색칠하면 귀여운 커버가 완성됩니다.

여러 페이지로 이뤄진 템플릿을 PDF로 내보내기

01 모든 페이지가 완성되었다면 [동작] – [공유] – [이미지 공유] – [PDF]를 눌러 주세요.

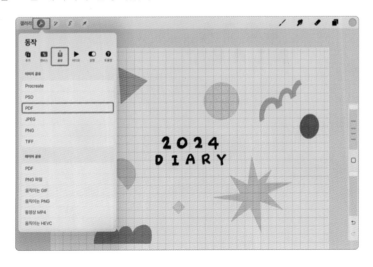

02 PDF 품질을 최상으로 선택해 주세요.

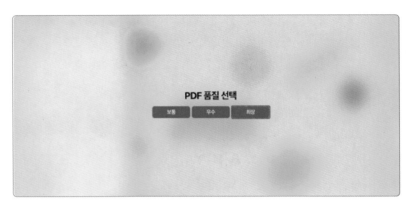

03 내보내고 싶은 곳을 선택합니다. 커버까지 총 13장으로 구성된 2024 먼슬리 다이어리가 완성되었습니다.

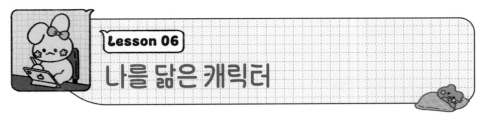

Lesson 06

나를 닮은 캐릭터

이번엔 디지털 다꾸를 할 때 다양한 용도로 활용할 수 있는 나만의 캐릭터를 만들어 볼게요. 단순하게 예쁜 그림을 똑같이 그리는 것보다 중요한 것은 정말로 자신의 취향을 담은 디지털 굿즈를 만드는 연습입니다. 나를 닮은 캐릭터를 만들며 기초를 쌓고, 멋진 디지털 크리에이터의 첫걸음을 시작해 볼까요?

자신과 만나는 5가지 카테고리

우선은 '나'를 분석하는 것에서 출발해 봅시다. 나의 개성을 담은 브랜드를 탄탄히 하려면 스스로가 어떤 취향을 가진 사람인지 고민하는 과정이 필요합니다. 총 5개의 카테고리를 기준으로 나를 알아보는 키워드를 도출해보겠습니다. 예시를 훑어보면서 자신과 어울리는 키워드를 선택해도 좋고, 이 키워드가 아니라 자신만의 방법으로 고민하는 것도 좋습니다. 만약 여러분이 저처럼 취미 생활에서 N잡러가 된다면, 나의 브랜드를 통해서 사람들에게 전하고자 하는 메시지와 브랜드가 중요하게 생각하는 가치, 앞으로 제작하고 싶은 콘텐츠까지 결국 모든 것은 브랜드를 운영하는 나의 경험과 일상에서부터 시작됩니다.

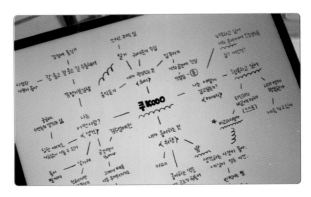

쿠의취향 브랜드 마인드맵

성격

나의 **성격**을 표현하는 키워드를 생각해 보세요. 평소에 자주 들었던 말이나 스스로 어떤 사람이라고 생각하는지 고민하면서 키워드를 작성해 봅니다.

게으른 배려심 깊은 친절한 장난기 많은
느긋한 너그러운 다정한 자신감 넘치는
솔직한 예의바른 용감한 열심히 하는
열정적인 할 말은 하는 계획적인 즉흥적인
고집스러운 감성적인 우울한 생각이 많은
기분변화가 큰 피곤한 애교많은 다혈질인
예민한 두루뭉실한 어른같은 활발한 외로운
소심한 일단 저지르는 말없는 즐거운 도전적인

역할

나의 **역할**을 표현하는 키워드를 생각해 보세요. 학생 또는 직장인처럼 바로 떠오르는 역할 뿐만 아니라, 일상에서 마주치는 사람들과 어떤 관계를 맺고 있는지 떠올려 봅니다.

선생님 선배 언니 동생 아기 신
오빠 막내 직장인 사업가 연인
베프 알바 사장님 손님 운동선수
대학생 주부 연예인 백수 천재
부모 프리랜서 친구 감독 기획자
히키코모리 딸 아들 작가 공주 왕자
지도자 대장 서포터 팬 요정 악당

취미

이번에는 나의 취미 혹은 관심사를 표현할 수 있는 키워드를 생각해 보세요.

그림 글쓰기 사진 베이킹 독서 재테크

덕질 맛집투어 카페투어 노래 캠핑 다꾸

블로그 핸드메이드 뜨개질 노래 악기연주 타로

여행 공부 유튜브 쇼핑 문화생활 모임장 운동

요리 보드게임 취미없음 사랑 피규어 수집

작곡 밭일 댄스 인테리어 네일아트 스키

수영 드라이빙 리폼 자수 작곡 산책

취향

이제 나의 취향을 표현할 수 있는 키워드를 생각해 보세요. 바로 떠올리기 어렵다면 평소에 어떤 옷을 좋아하는지, 어떤 분위기의 카페를 좋아하는지 곰곰이 떠올려 보세요. 다이어리 꾸미기를 하고 있다면 주로 어떤 스타일로 꾸미는지 들춰보는 것도 도움이 됩니다.

컬러풀한 모노톤의 레트로한 비비드한 흑백의

차가운 따뜻한 무난한 눈에튀는 뾰족한

둥그런 소박한 화려한 귀여운 감성적인

심플한 각잡힌 자유로운 반듯한 흐트러진

못생긴 예쁜 밝은 어두운 부드러운 거칠은

진한 연한 감동적인 웃긴 긴장된 통쾌한

섞이는 나눠진 패턴의 단색의 조용한

시끌벅적한 푸른 붉은 강한 약한

메시지

여러분이 마음 속에서 늘 전하고 싶었던 메시지를 작성해 보세요.

각자의 취향을 존중해! 우리 늘 행복하자!

웃으면 복이와요. 소확행. 우울도 나의 몫

세상은 너무 힘들어. 귀찮으니까 방해금지.

그냥 누워만 있고 싶어요. 우리는 뭐든 할수있다.

상처에도 결국 꽃이 핀대. 단순하게 잘살자

우리는 모두 친구! 내 인생은 내 맘대로다!

우주의 작은 먼지 같은 나. 오늘도 고생했어요.

재밌는 것만 하기에도 시간이 부족해! 힘내!

자, 5가지 카테고리로 키워드를 다 작성해 보셨나요? 이번에는 이 키워드로 캐릭터 2명의 특징을 나누어 보겠습니다. 우선 여러분이 선택하거나 작성한 키워드를 한눈에 볼 수 있도록 쭉 펼쳐 봅니다. 이제 자신만의 기준을 설정하고 그룹을 만들어 주세요. 공통점으로 그룹을 만들어도 좋고 언밸런스한 조합으로 그룹을 묶어도 좋습니다. 그룹이 묶어지지 않는 키워드들은 탈락시킵니다.

지울 것

게으른

기분변화가 큰

외로운

연인

공주

조용한

쉬어는

화려한

캐릭터 1

계획적인　생각이 많은　감성적인

직장인　언니　서포터

그림　글쓰기　독서　다꾸

인테리어

감성적인　부드러운　반듯한

따뜻한

상처에도 결국 꽃이 판다.

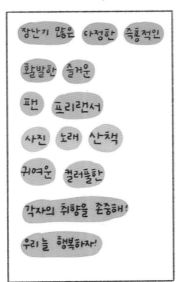

캐릭터 2

장난기 많은　다정한　즉흥적인

활발한　즐거운

팬　프리랜서

사진　노래　산책

귀여운　컬러풀한

각자의 취향을 존중해!

우리 늘 행복하자!

키워드를 통해 프로필 만들기

이제 앞에서 정리한 키워드를 활용해 캐릭터의 프로필을 작성해 보세요.

- 캐릭터 키워드: 캐릭터를 표현할 수 있는 대표 문장 혹은 단어를 선정해 보세요.

- 특징: 외형적인 특징을 상상하며 작성해 보세요.

- 성격: 키워드에서 뽑아낸 성격을 풀어서 구체적으로 설명해 주세요.

- 취미: 취미 생활을 작성해 주세요.

- 좋아하는 것: 좋아하는 순간 혹은 행동, 사람 등 포괄적으로 좋아하는 것에 대해 작성해 주세요.

캐릭터 1

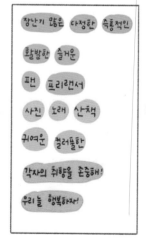

계획적인 생각이 많은 감성적인

직장인 언니 서포터

그림 글쓰기 독서 다꾸

인테리어

감성적인 부드러운 반듯한

따뜻한

상처에도 결국 꽃이 핀다.

키워드	# 잘들어주는 다정함 # 혼자만의 시간 # 생각에 생각 더하기
특징	꼼꼼한 귀를 세워 얘기를 잘 들어주며 낮과 밤에도 자신만의 색을 가짐.
성격	고민을 잘 들어주고 공감력이 뛰어나며 위로를 잘 해주는 다정한 성격. 생각이 많아 늘 정리하는 시간이 필요함. 혼자만의 시간을 즐김. 조용한 것 같으나 자신만의 세상이 분명하게 있는 편.
취미	다이어리 꾸미기, 책 읽기, 조명 모으고 집꾸미기
좋아하는 것	사람들의 고민을 들어주는 순간. 늦은밤 따뜻한 음료를 마시며 혼자서 취미활동을 할 때.

캐릭터 2

장난기 많은 다정한 폭풍적인

활발한 즐거운

팬 프리랜서

사진 노래 산책

귀여운 컬러풀한

각자의 취향을 존중해!

우리 늘 행복하자!

키워드	# 함께 노는게 제일 좋아 # 늘 행복하게
특징	숲을 지키던 공룡이네 막내. 힘찬 발걸음. 뿌듯한 표정을 자주 보여줌.
성격	자유로운 영혼으로 숲과 도시를 오가며 작은 꽃향송이와도 친구가 된다. 재잘재잘 떠들기를 좋아하고 다정한 친구들과 함께 보내는 시간을 좋아하며 활발하고 긍정적이다.
취미	노래 부르며 산책하기, 귀여운 것들 사진 찍기
좋아하는 것	다정한 친구들과 함께 보내는 모든 시간. 플레이리스트 공유하고 작고 귀여운거 모으기

🐸 캐릭터 턴어라운드

이제 정리한 캐릭터의 프로필을 다시 꼼꼼하게 읽어 봅니다. 이 캐릭터의 특징을 상상하여 **턴어라운드**(Turn Around)를 그려보겠습니다. 턴어라운드란 캐릭터의 정면을 기준점으로 삼고, 정면이 아닌 다른 곳을 바라보는 모습을 대략 5~8개의 포즈로 그리는 작업입니다. 2D 캐릭터를 만들 때는 일반적으로 **정면**, **측면**, **옆면**, **뒷면**까지 총 4가지 모습을 만듭니다. 이렇게 그린 턴어라운드는 캐릭터의 신체 비율 가이드라인이 되므로 나중에 다양한 동작을 연출할 때 도움이 됩니다.

실습을 준비해요

• 난이도 ★★★ • 캔버스 A4 • 색상 RGB
• 브러시 [서예] – [모노라인]

01 프로크리에이트 기본 캔버스 중에 [A4]를 선택하세요. 세로 방향인 캔버스를 두 손가락으로 돌려서 아래와 같이 **가로**로 배치해 주세요.

02 [동작] - [캔버스] - [그리기 가이드]를 활성화해 주세요.

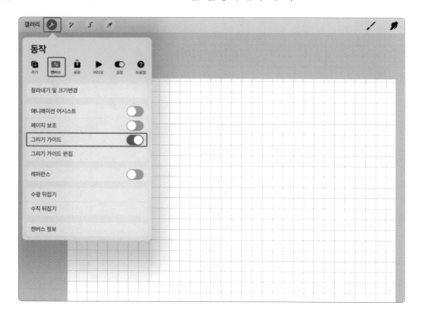

03 그 후 [그리기 가이드 편집]을 누른 후, 메뉴 중 [격자 크기]에 입력된 숫자를 터치하세요. 아래와 같이 숫자 키패드가 뜨면 100을 입력하고 [완료] 합니다.

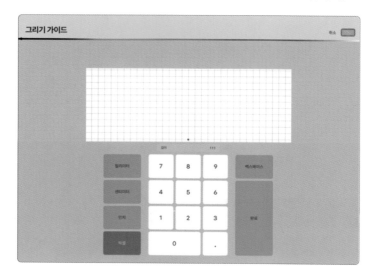

04 하단 메뉴에서 [그리기 도움받기]를 체크하고 [완료]합니다. 이 기능은 레이어에서도 설정 가능한 그리기 도우미와 동일한 기능입니다.

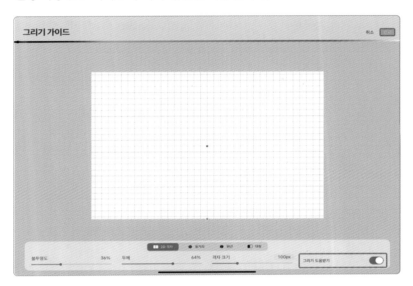

05 캐릭터를 그릴 수 있는 가이드 라인을 먼저 만들겠습니다. 캔버스 양 끝에 빈칸을 비워둔 채로 5칸씩 차이가 나도록 가로로 선을 그어 주세요.

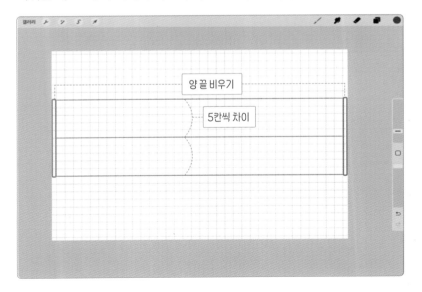

06 하단의 5칸을 위아래로 1칸씩 띄운 채로 가로선을 그려 주세요. 그리기 도움받기 기능이 활성화되어 있다면 반듯한 직선이 그려집니다.

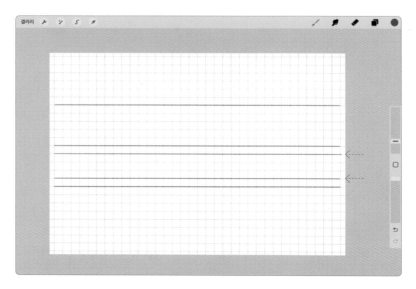

07 이제 세로로 선을 만들어 주세요. 가장 첫 번째 선을 기준으로 아래로 6칸까지, 그리고 8칸을 띄운 후 다시 세로선을 그려 주세요. 캐릭터의 **얼굴**이 될 칸입니다.

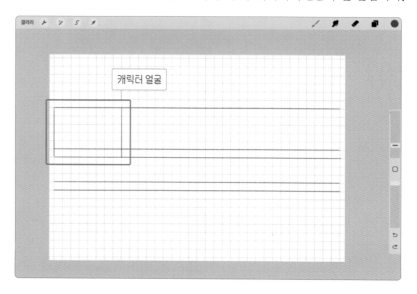

08 얼굴이 될 칸보다 1칸씩 작게 세로선을 그어 주세요. **몸이 될 부분입니다.**

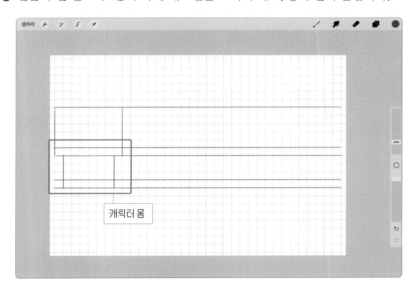

캐릭터 몸

09 몸 칸의 안쪽으로 1칸씩 캐릭터 **팔** 부분의 세로선을 그어 주세요.

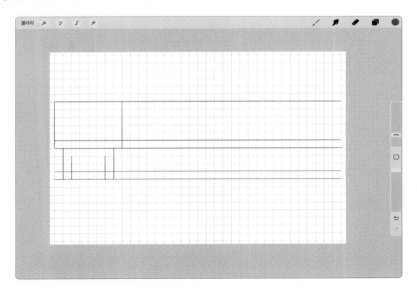

10 새로운 레이어를 추가하고, 얼굴이 들어갈 칸에 맞게 **타원**을 그려 주세요.

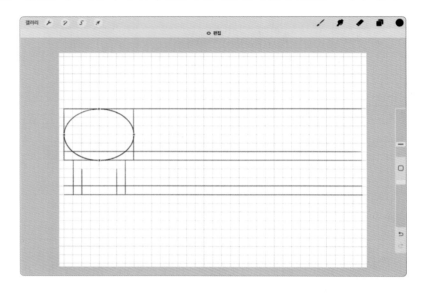

11 몸이 들어갈 칸에 타원을 만들어 주세요. 이때 얼굴과 몸이 **1칸**이 겹쳐야 몸통이
자연스럽게 이어집니다.

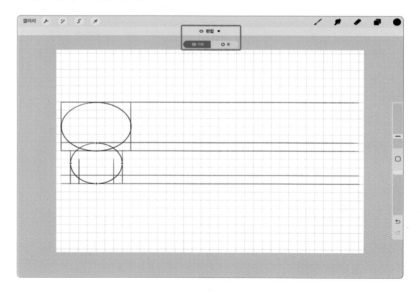

12 레이어 창에서 두 레이어를 전부 불투명도 50%로 맞춰 주세요.

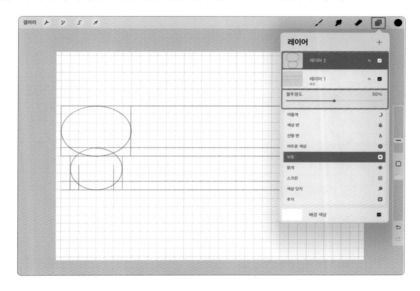

13 그 후 최상단에 새로운 레이어를 추가해 주세요.

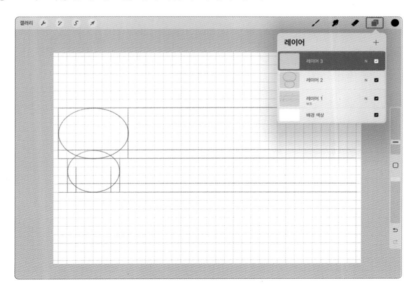

14 가이드라인을 기준으로 캐릭터의 얼굴과 몸의 형태를 잡아줍니다.

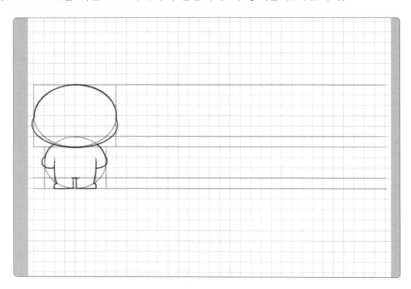

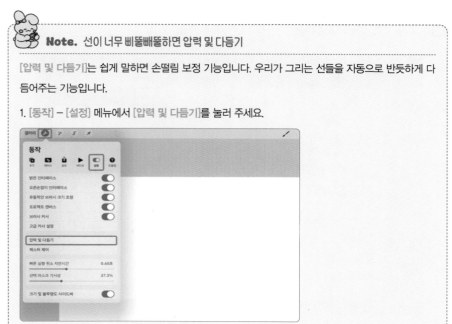

Note. 선이 너무 삐뚤빼뚤하면 압력 및 다듬기

[압력 및 다듬기]는 쉽게 말하면 손떨림 보정 기능입니다. 우리가 그리는 선들을 자동으로 반듯하게 다듬어주는 기능입니다.

1. [동작] – [설정] 메뉴에서 [압력 및 다듬기]를 눌러 주세요.

2. [압력 및 다듬기]에서 안정화를 50%로 설정해 주세요. 안정화는 브러시나 자신의 평소 그리는 습관에 따라 맞춰서 설정하면 편리합니다. 일반적으로 50% 이상이 되면 원하는 대로 그려지지 않을 수 있습니다. 그러므로 여러 번 테스트해서 본인에게 맞는 %를 찾습니다. 특히 안정화가 0%일 경우와 안정화 50%인 경우를 비교해 보면 안정화가 없을 땐 곡선이 매끄럽지 않고 선이 많이 흔들리는데, 안정화를 활성화하면 선들이 반듯해지고 곡선이 부드러워지는 걸 느낄 수 있습니다.

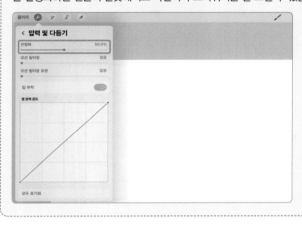

15 제일 처음 그린 정면을 기준으로 왼쪽으로 조금씩 몸을 돌리는 모습을 상상하며 그려 줍니다. 미세하게 옮겨지는 시선과 발, 손끝에 주의하며 그려 보세요.

16 완성된 턴어라운드를 기반에 앞서 작성한 캐릭터 프로필을 더해 원하는 캐릭터를 만들어 보세요.

 Note. 퀵세이프 요령

꾹 누르다가 의도치 않게 퀵세이프가 활성화되어 그려졌다면, 뒤로 가기를 눌러 주세요. 그럼 원래 그렸던 선이 다시 나타납니다. 퀵세이프는 선을 그은 상태로 펜을 떼지 않고 있을 때 자동으로 활성화되기 때문에, 원하는 부분을 그렸다면 펜을 바로 떼어야 합니다.

다양한 자세와 표정으로 캐릭터 그리기

앞에서 만든 턴어라운드 가이드라인에서 캐릭터의 손이나 발 모양을 바꾸는 것만으로도 새로운 캐릭터를 만들 수 있습니다. 또한 포즈에 맞는 표정을 그려 넣으면 더 생동감 있게 캐릭터를 연출할 수 있습니다.

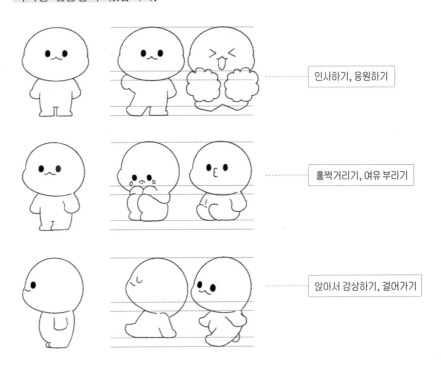

인사하기, 응원하기

훌쩍거리기, 여유 부리기

앉아서 감상하기, 걸어가기

Note. 캐릭터에 어울리는 요소를 추가해요

자세와 표정에 어울리는 다양한 요소들을 추가해 보세요! 캐릭터의 감정 표현이 더 풍부해지며, 디지털 굿즈로 다양하게 활용할 수 있습니다. 평소 좋아하는 캐릭터를 참고하더라도 캐릭터만의 성격과 특징, 스토리를 잃지 않아야 해요!

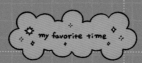

Chapter

5

디지털 굿즈
활용하기

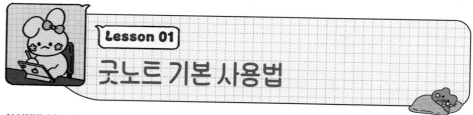

굿노트 기본 사용법

Lesson 01

아이패드 필수 앱인 굿노트에 대해 알아보고, 직접 만든 디지털 굿즈들을 활용해 다이어리 꾸미기를 해보겠습니다. 아이패드에서 활용할 수 있는 다양한 필기 앱이 있습니다. 그중에서도 굿노트는 필기, 다이어리 꾸미기, 각종 파일 확인 등 다방면으로 활용할 수 있습니다.

굿노트 설치하기

굿노트는 현재도 꾸준히 업데이트되고 있으며 집필 시기의 최신 버전은 Goodnotes 6입니다. 노트를 추가로 사용하고 싶다면, 굿노트 앱을 유료로 결제하고 노트를 추가로 자유롭게 사용할 수 있습니다. 아직 굿노트 앱이 없다면 함께 설치해 봅시다.

01 앱스토어에서 '굿노트' 또는 'goodnotes'를 검색합니다.

선택하기

02 굿노트 앱을 설치합니다. 무료로 노트 3권까지 사용할 수 있으며, 노트를 추가하고 싶다면 유료 결제가 필요합니다.

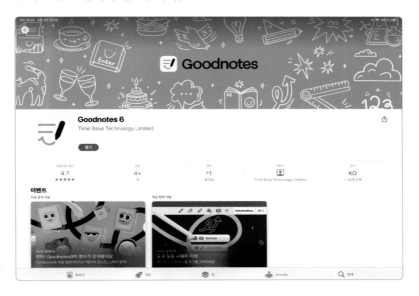

03 유료 결제는 2가지 방법이 있습니다. 집필 시기를 기준으로 연간 결제는 약 14,000 원이며, 일회성 결제는 42,000원입니다.

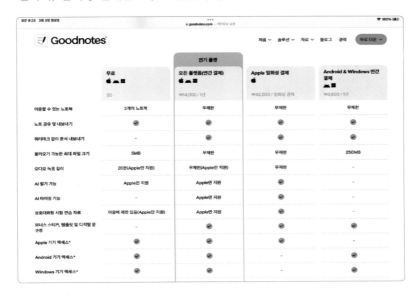

 **사이드바**

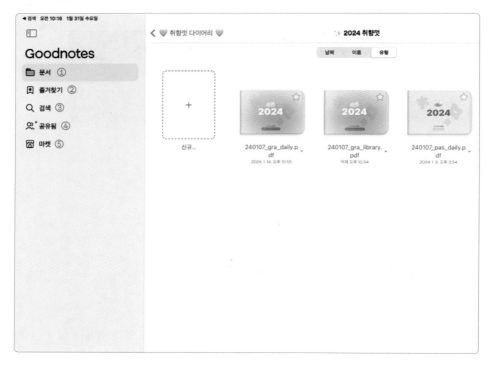

① 문서: 굿노트에 저장된 모든 문서들을 한눈에 봄

② 즐겨찾기: 문서에서 북마크를 활용한 페이지 또는 즐겨찾기에 추가한 내용만 모아서 확인함

③ 검색: 문서 안에 포함된 텍스트 혹은 문서명을 통합으로 검색

④ 공유됨: 공동 작업을 설정해 둔 문서만 확인

⑤ 마켓: 다양한 디지털 굿즈를 굿노트 앱에서 바로 구입

문서 리스트

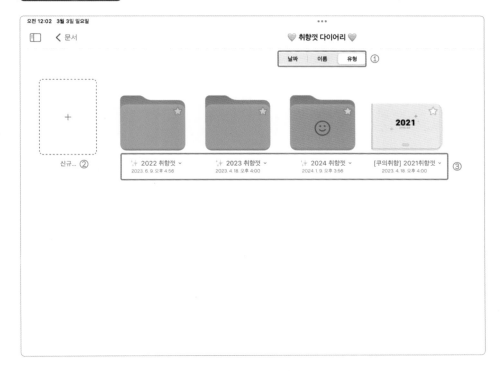

① 정렬: 날짜 / 이름 / 유형별로 정렬해서 봄

② 신규: 다양한 파일 혹은 이미지를 불러와 새로운 문서를 만들 수 있음

③ 문서 메뉴: 문서명을 터치하면 복제 / 폴더 이동 / 새로운 윈도우에서 열기 / 보내기 / 삭제 등의 다양한 기
능을 활용함

📖 문서 기본 메뉴

① 뒤로가기: 문서 리스트로 다시 돌아감

② 축소판: 문서의 모든 페이지와 즐겨찾기 페이지를 확인하는 메뉴로, 각 페이지를 복제, 삭제, 이동

③ 검색: 문서 안에서 텍스트 검색

④ 펜 모드 변경: 필기 모드/편집 모드를 전환

- 필기 모드: 문서에서 필기 및 이미지를 편집하는 모드
- 편집 모드: 필기가 불가능하며 하이퍼링크 등 터치하는 모드

⑤ 키보드: 텍스트를 고정해서 쓸 수 있는 에디터 메뉴

⑥ 녹음: 필기하면서 녹음이 가능한 모드

⑦ 페이지 추가: 문서에서 앞뒤에 페이지 추가

⑧ 즐겨찾기: 보고 있는 페이지를 즐겨찾기

⑨ 공유 및 보내기: 공동 작업을 공유하거나 이미지를 저장해서 내보내기

⑩ 더 보기: 코멘트, 페이지 설정 메뉴, 페이지의 방향 등 변경

✏️ 편집 모드

① 뒤로 가기/앞으로 가기: 편집한 내용 취소 또는 편집 사항 다시 복구

② 펜: 만년필, 볼펜, 화필이 있으며 두께와 컬러 등 추가 설정

③ 지우개: 정밀 지우개, 일반 지우개, 획 지우개가 있으며 하이라이터만 지우기를 설정할 수 있습니다. 지우개 스타일에 따라 한 번의 터치에 지워지는 부분이 다릅니다.

④ 하이라이터: 형광펜

⑤ 모양 도구: 원형, 사각형, 삼각형 등 모양을 편리하게 그리는 도구

⑥ 올가미 도구: 원하는 부분을 올가미로 둘러서 이동하거나 삭제, 복사, 크기 조정

⑦ 스티커: 나만의 스티커 등 외부 파일을 보관하다가 바로 꺼낼 수 있는 기능

⑧ 갤러리: 갤러리에서 사진 불러오기

⑨ 텍스트: 텍스트를 입력하고 스타일 설정

⑩ 확대해서 필기하기: 선택한 부분의 직사각형 크기만큼 확대해서 필기

⑪ 자: 반듯하게 직선 그리기 (자는 두 손가락으로 회전 가능)

⑫ 포인터: 원하는 부분을 설명할 때 강조하는 포인터

⑬ 획 설정: 펜 두께를 3가지로 설정할 수 있으며, 단색, 파선, 점선 형태 중 선택

⑭ 펜 색상: 편집 혹은 빈칸의 [+] 버튼을 통해 자주 쓰는 색상 추가

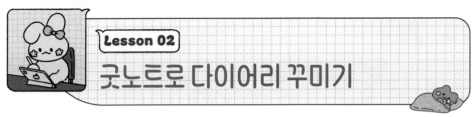

Lesson 02
굿노트로 다이어리 꾸미기

굿노트의 기본 사용법을 익혔으니 이번에는 직접 만든 디지털 굿즈를 활용하여 디지털 다꾸를 해 봅시다.
Goodnotes 6를 기준으로 사용합니다. 템플릿 파일을 불러와서 다이어리를 만들고, 사진과 스티커를 가져
오고 필기해 볼까요?

- 난이도 ★
- 예제 파일 2024 먼슬리 다이어리

템플릿 파일 불러오기

01 [+] 버튼을 눌러 예제 파일을 불러 오세요.

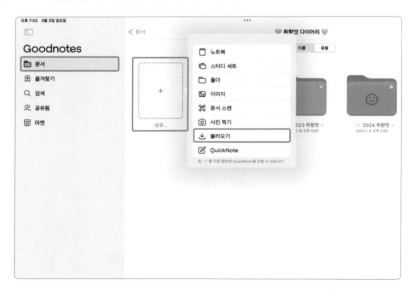

02 파일에서 가져올 템플릿을 선택하고 [열기]를 눌러 주세요.

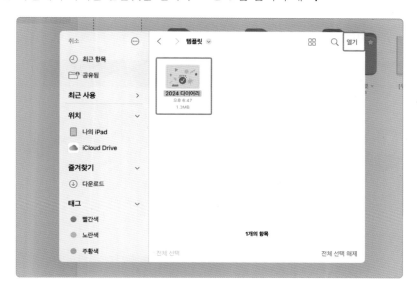

03 굿노트에서 가져온 템플릿이 자동으로 열립니다.

01 템플릿에서 꾸미고 싶은 페이지를 열어 주세요.

02 편집 모드 상태에서 [갤러리]를 열어서 사진과 스티커를 확인합니다.

03 원하는 스티커를 선택하고 가져와 주세요.

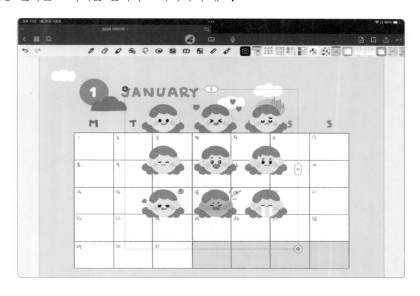

04 스티커를 터치하면 나타나는 메뉴에서 [자르기]를 선택합니다.

05 사용하고 싶은 스티커를 자르고 [완료]를 눌러 주세요.

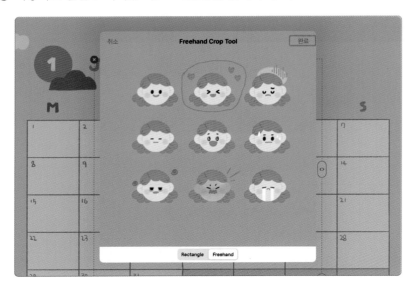

06 자른 스티커가 아래와 같이 표시됩니다.

07 캘린더와 어울리도록 사이즈를 적당히 조절해 주세요.

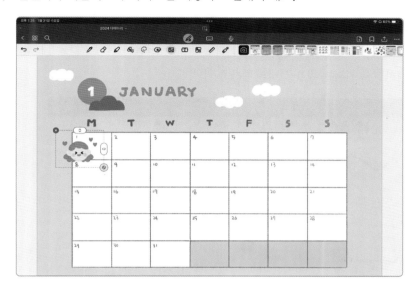

08 위 방법을 반복하며 사진과 디지털 스티커를 조합해 취향대로 꾸며 주세요.

손글씨로 필기하기

01 편집 모드 상태에서 [펜] – [볼펜]을 선택해 주세요. 반드시 볼펜을 쓸 필요는 없습니다. 펜마다 미묘하게 스타일이 다르니, 자신의 템플릿과 어울리는지 꾸미는 스타일을 고려하면서 원하는 펜을 선택해 주세요.

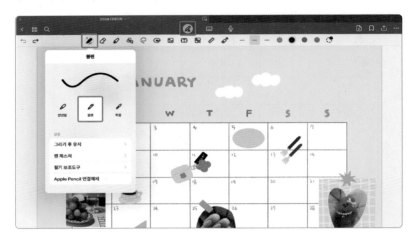

02 획 설정에서 [단색]을 선택하고 [펜두께]는 [0.5mm]로 설정합니다.

tip. 디지털로 다이어리 꾸미기를 할 때 펜 두께는 템플릿의 사이즈와 디바이스, 확대 여부에 따라 동일한 펜 두께를 선택해도 느낌이 조금씩 달라집니다. 따라서 직접 자신의 디지털 다이어리에서 사용하면서 어울리는 두께감을 찾아야 합니다.

03 이제 자유롭게 기록을 남깁니다. 1월 캘린더 꾸미기 완성!

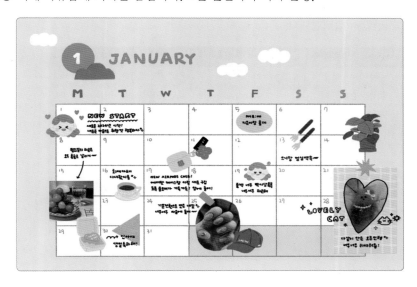

📝 내가 완성한 다꾸 저장하기

01 필기 모드에서 우측 위의 [공유 및 내보내기]를 누르고 [이 페이지 보내기]를 선택해 주세요.

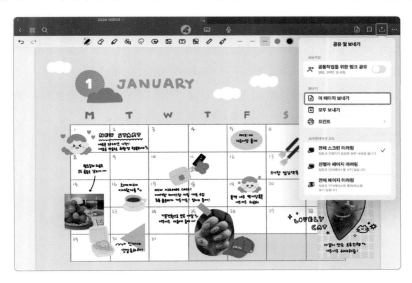

02 선택한 페이지를 내보낼 수 있습니다. [PDF], [이미지], [Goodnotes] 중에서 어떤 확
장자로 저장할지 선택합니다.

 Note. 확장자 선택의 기준

완성한 다이어리 꾸미기 페이지를 어떻게 활용하고 싶나요? 자신이 원하는 활용 방식을 고민하고 확
장자를 선택합니다.

1) PDF: 더 이상 페이지를 편집하지 않을 때 내보내는 방식입니다. 이 방식으로 저장하면 문서 내용물
이 하나의 레이어로 저장됩니다.

2) 이미지: 페이지를 이미지로 저장합니다. 이미지를 압축 파일(Zip)로 보낼 수도 있습니다. 이 방식은
주로 인스타그램 게시물이나 스토리, 상세페이지 제작 등으로 활용할 때 사용합니다.

3) Goodnotes: 굿노트에서만 사용할 수 있는 확장자로 저장합니다. 굿노트에서 작업한 모든 내용들
이 그대로 유지되어 굿노트에서 다시 수정하고 사용할 수 있다는 장점이 있습니다.

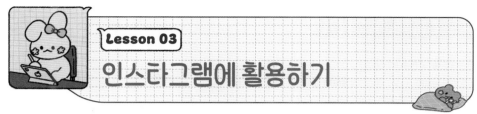

Lesson 03
인스타그램에 활용하기

디지털 굿즈를 홍보하는 방법은 다양합니다. 그중에서 친숙한 SNS인 인스타그램으로 데일리 스티커와 템플릿을 홍보용 자료를 만들어 볼까요? 프로크리에이트로 스토리용 스티커를 만들고 스토리를 꾸미는 법도 살펴보겠습니다.

이미지와 **영상**을 주로 공유하는 SNS인 인스타그램은 오늘날 다양한 상품 및 제품의 마케팅 방법으로 활용되고 있습니다. 특히 디지털 굿즈는 실물 상품이 아니기 때문에, 이처럼 SNS를 통해서 매력적인 이미지를 만들어서 홍보하는 마케팅이 필수적입니다. 한 번 익혀 두면 앞으로 디지털 굿즈의 홍보에 쉽게 도전할 수 있도록 SNS 홍보 콘텐츠 제작 방법을 살펴보겠습니다.

스티커 썸네일 만들기

· 난이도 ★ · 캔버스 2000 X 2000px · 색상 RGB
· 브러시 [서예] – [모노라인] · 예제 파일 데일리 스티커, 프레임 목업

01 예제 파일 프레임 목업을 프로크리에이트에서 열어 주세요.

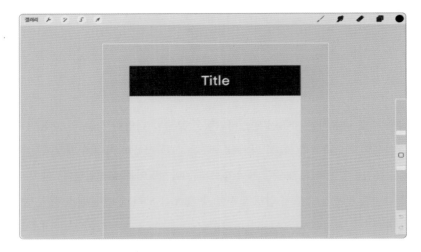

02 [동작] 툴에서 [추가] – [사진 삽입하기]를 눌러 주세요.

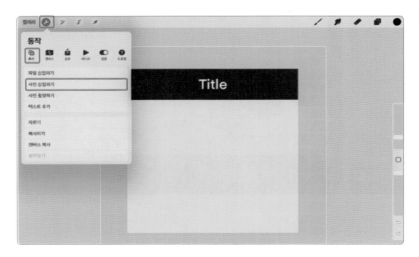

03 미리 저장해둔 데일리 스티커를 선택해 불러옵니다.

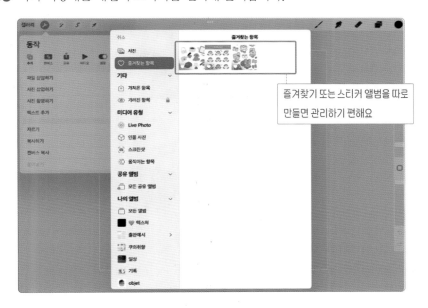

즐겨찾기 또는 스티커 앨범을 따로
만들면 관리하기 편해요

04 썸네일 템플릿에 스티커를 불러왔습니다.

05 정해진 레이아웃 안에 들어갈 수 있도록 사이즈를 조절해 주세요.

06 레이어 창을 열어 Title 레이어를 선택해 주세요.

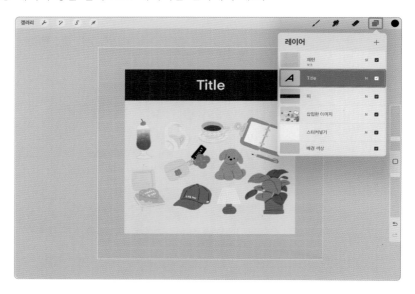

07 Title 글씨를 더블 탭하면 수정할 수 있는 상태가 됩니다. 취향에 따라 다른 폰트를 사용해도 좋습니다.

08 스티커에 어울리도록 타이틀을 입력해 주세요.

09 입력이 끝나면 [동작] 툴에서 [공유] – [이미지 공유] – [JPEG]로 공유하면 완성입니다.

10 이제 스티커 썸네일을 인스타그램에 공유해 보세요.

템플릿 썸네일 만들기

- 난이도 ★
- 예제 파일 아이패드 목업

01 예제 파일을 프로크리에이트에서 열어주세요.

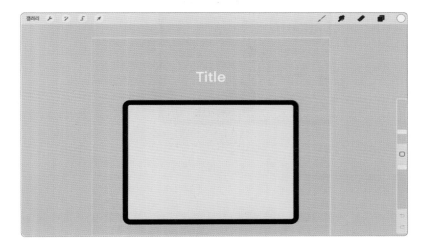

02 [동작] 툴에서 [추가] - [사진 삽입하기]를 눌러 주세요.

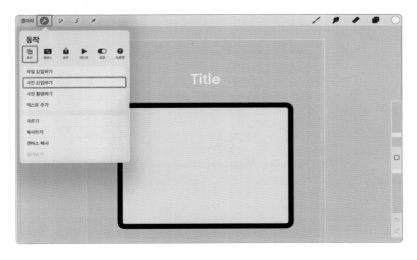

03 원하는 이미지를 불러온 후 아이패드 목업 아래로 배치되도록 이동해 주세요.

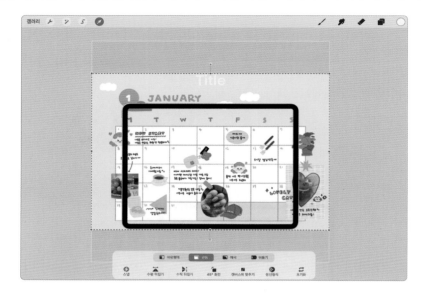

04 불러온 이미지를 아이패드 목업 안에 들어갈 수 있도록 사이즈를 조절해 주세요.

05 레이어 창에서 Title 레이어를 선택 후 Title 글씨를 더블 탭하면 수정할 수 있는 상태 가 됩니다. 여러분의 취향에 따라 다양한 폰트를 사용해 봅니다.

06 템플릿 타이틀을 입력해 주세요.

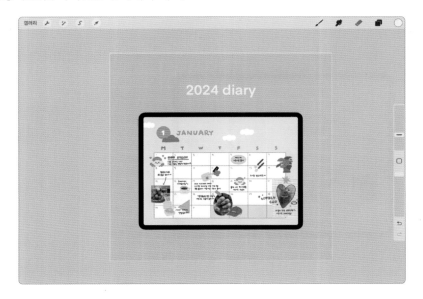

07 입력이 끝나면 [동작] 툴에서 [공유] – [이미지 공유] – [JPEG]로 공유하면 완성입니다.

08 인스타그램 피드 혹은 스토리에 템플릿을 홍보해 보세요.

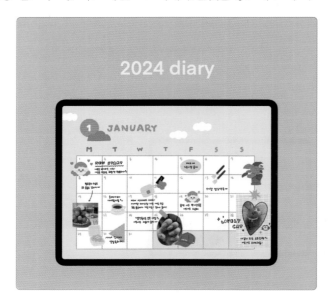

🖼️ 사진 배경으로 예쁘게 꾸미기

여러분이 굿노트에서 예쁘게 꾸민 다이어리를 인스타그램에 사진과 함께 올려서 감각적으로 꾸밀 수도 있습니다.

인스타그램에 올린 디지털 다꾸 예시

01 바탕이 될 사진을 프로크리에이트에서 열어 주세요.

02 레이어 창을 열어 사진 레이어를 선택해 줍니다. 아래 이미지처럼 사용할 레이어들을
미리 준비해도 됩니다.

03 [동작] 툴에서 [추가] – [사진 삽입하기]를 선택합니다.

04 앨범에서 원하는 사진을 선택하고 가져옵니다.

05 사진이 불러와진 상태에서 하단의 [캔버스에 맞추기]를 눌러 주세요.

06 레이어 창을 열어 최상단에 레이어를 추가합니다.

07 [동작] 툴에서 [추가] – [사진 삽입하기]를 눌러 미리 저장해둔 다꾸 이미지를 선택 후 불러옵니다.

08 내가 꾸민 디지털 템플릿이 사진 위로 나타났습니다.

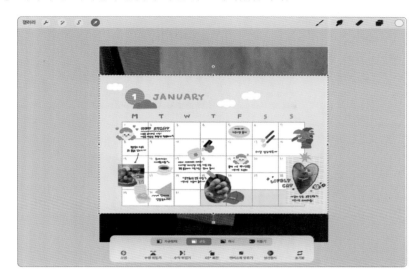

09 보기 좋게 사이즈를 조절해 주세요.

10 입력이 끝나면 [동작] 툴에서 [공유] – [JPEG]로 공유하면 완성입니다.

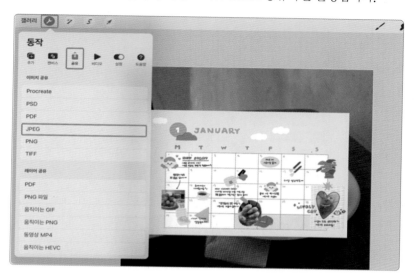

11 실습 과정을 참고해서 자신만의 방법으로 감각적으로 꾸며서 공유해 보세요.

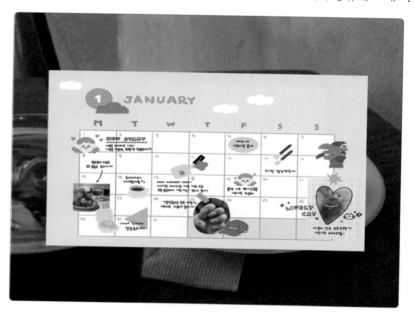

인스타그램 스토리 꾸미기

개별 스티커 만들기

01 프로크리에이트에서 1000×1000px인 정사각형 캔버스를 만들어 주세요.

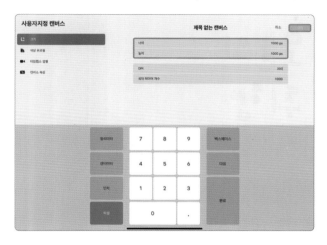

02 편리하게 그리도록 [동작] – [캔버스] – [그리기 가이드]를 활성화합니다.

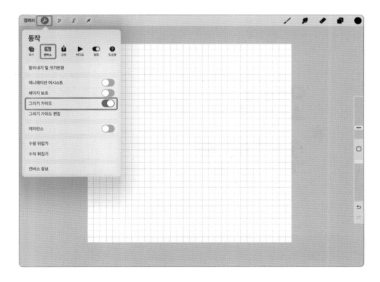

03 잠시 인스타그램 스토리에 활용하기 좋은 스티커를 생각해 보세요. 글자를 두껍게 만드는 방법을 활용해 문장을 만들었습니다.

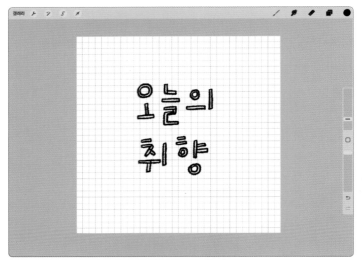

🐻 **tip.** 글자를 두껍게 만드는 방법은 234쪽을 살펴보세요.

04 글자의 색을 채우고 꾸밉니다.

05 배경 레이어를 체크 해제하여, 배경이 투명하게 보이도록 만들어 주세요.

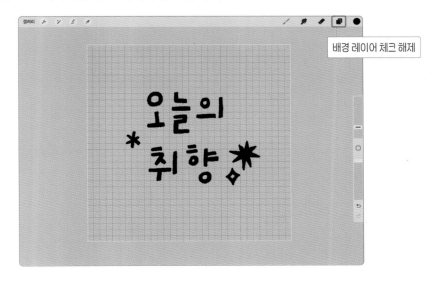

06 취향에 따라 원하는 색상을 글자에 추가해 줍니다. 저는 [밝기]를 최대한으로 밝게
만들어서 흰색으로 만들었습니다.

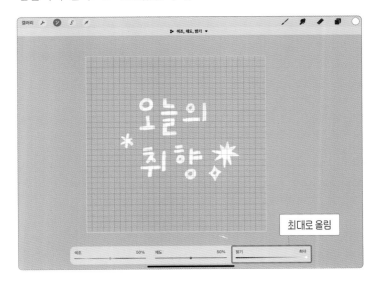

07 완성한 레이어의 보기를 끄고 나서, 새로운 레이어를 추가합니다. 이 방법을 반복해서 인스타그램 스토리에 쓰기 좋은 스티커를 여러 개 만들어 주세요.

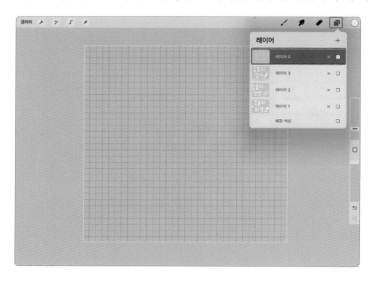

08 스티커 그리기가 완료되었다면 레이어의 창을 모두 켜서 확인합니다.

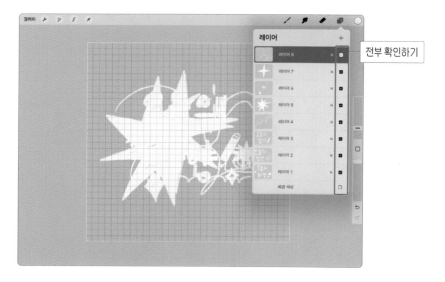

09 이제 [동작] − [공유] − [레이어 공유] − [PNG파일]로 모든 레이어를 한꺼번에 저장할 수 있습니다.

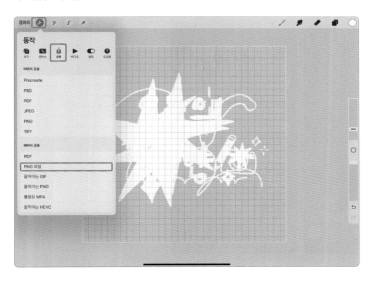

인스타그램 스토리 꾸미기

01 모바일에서 인스타그램 앱을 실행합니다. 본인 계정에서 프로필 이미지의 [플러스] 버튼을 눌러줍니다.

스토리 추가하기

02 업로드하고 싶은 이미지를 고른 후 [사진]을 선택합니다.

03 앨범에 미리 저장해둔 개별 스티커를 선택하고 원하는 위치에 배치하면 완성!

04 이 방법을 반복해 인스타그램 스토리를 꾸민 후 업로드
해 주세요.

 Note. 스토리 필터와 GIF 제작 방법

스토리를 예쁘게 꾸미는 다양한 방법들이 더 있습니다. 아래에서 소개하는 참고 사이트에서 자세한 정
보를 확인해 보세요.

• **인스타그램 GIF 스티커 제작(https://giphy.com/)**

우리가 인스타그램에서 GIF 스티커를 검색할 때 연동되는 사이트입니다. 따라서 이 사이트에 스티커
를 등록하면 인스타그램에서 검색해서 사용할 수 있습니다.

매일 쏟아지는 콘텐츠를 보면서 세상에는 재능이 뛰어난 사람이 많다고 느낍니다. 오랜 시간 내공을 쌓아 자신만의 색채를 갖췄거나 타고난 감각과 경험으로 빠르게 성장하는 사람들도 있죠. 그런데 저는 이미 자신만의 방법으로 재능을 뽐내는 사람들보다, 아직 스스로의 잠재력을 모르거나 현실에 쫓겨 도전하지 못한 분을 응원하고 싶습니다. 제가 처한 상황과 비슷했기 때문입니다. 좋아하는 일을 찾은 덕분에 흥미를 살려서 직업을 정했지만, 직장인으로서 현실적인 상황들에 익숙해져야 했습니다. 그래도 취향을 돌보는 일을 완전히 놓아버리진 않았습니다. 비록 느리더라도 계속 마음을 쓴다는 사실이 더 중요했으니까요.

책을 준비하면서 개인적인 이야기를 비롯하여 제가 경험한 디지털 굿즈 시장과 상품을 만드는 노하우가 누군가에게 정말 도움이 될지 걱정이 되기도 했습니다. 하지만 디지털 굿즈를 좋아하거나 해야 하는 일과 하고 싶은 일 사이에서 방황하고 있는 사람에게 분명히 도움을 드릴 수 있다는 믿음으로 끝까지 마무리할 수 있었습니다.

이 책에 좋아하는 일을 꾸준히 하면 기회가 온다는 메시지도 담고 싶었습니다. 우리들의 개성이 오롯이 반영된 크리에이터의 삶이 얼마나 많은 가능성을 가져다 줄지 벌써 설레지 않으시나요? 취미를 확장하고, 전하고 싶은 메시지를 담고, 즐겁게 드로잉을 하며 여러분만의 세계를 단단하게 만드시길 바랍니다. 책을 덮고 시작해 보세요.

자신만의 취향을 마음껏 담은 단 하나의 브랜드를!

부록

굿노트
다꾸 Tip

디지털 굿즈를 잘 만들고 싶다면 쓰는 사람의 입장으로 생각해 보아야겠죠? 제가 만든 브랜드 '쿠의취향'의 시작점도 디지털 템플릿과 스티커를 직접 만들어서 쓰고 싶은 마음이었습니다. 만약 여러분이 N잡으로 디지털 굿즈를 만들기로 결심했다면, 무작정 만들기보다는 우선 자신의 다이어리를 꾸미면서 아날로그 꾸미기와 다르게 만든 파일을 무한으로 사용할 수 있으며 크기 조절이 편리한 디지털 다꾸의 세계를 직접 경험하는 것이 중요합니다. 이 과정에서 어떻게 만들어야 일상에서 활용하기 좋을지 아이디어가 더 구체화됩니다. 결국 다이어리 꾸미기도 '기록'이라는 점에 집중하면 월별, 주별, 일별로 활용하기 좋은 굿즈를 떠올릴 수 있습니다.

📝 먼슬리는 디지털 스티커

먼슬리 페이지는 기록 칸이 작은 것이 특징입니다. 한 달을 한눈에 볼 수 있어서 스케줄과 일정 위주로 작성하되, 그날의 이벤트에 대한 짧은 감상도 함께 기록하면 나중에 떠올리기 좋습니다. 이러한 먼슬리 페이지는 밋밋하게 보일 수 있으므로 스티커를 중심으로 전체적인 분위기를 고려해 꾸며야 합니다.

한 달 분량의 먼슬리를 다 쓰고 월말에 꾸민다면 스티커를 라인이 겹쳐지는 곳이나, 빈자리의 여백을 채워 주는 용도로 활용하면 좋습니다. 특히 모서리 여백에 스티커를 크게 넣으면 더 안정감 있고 꽉 찬 느낌을 줄 수 있습니다.

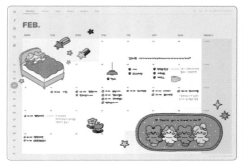 

📋 위클리는 사진으로 꾸미기

위클리는 스터디, 일상 기록, 운동, 계획, 할 일 등 무엇을 구체적으로 기록하느냐에 따라 구성이 다양하므로 꾸밀 수 있는 방법도 많습니다. 여기서는 가장 기본적인 레이아웃으로 Objet 앱을 활용해 사진과 함께 위클리를 꾸며보겠습니다.

Objet 앱으로 사진 편집하기

Objet 앱은 사진을 개성 있는 모양으로 편집할 수 있는 앱입니다. 아이폰과 아이패드의 앱스토어에서 유료로 구입할 수 있습니다. 이 앱은 모양을 편집한 사진의 배경색에 컬러를 주거나, 투명하게 만들 수 있어 다꾸용 디지털 굿즈를 만들기에 편리합니다. 또한 아이패드에서 드래그 앤 드롭으로 사용할 수 있고 Split View를 지원해 다른 앱과 동시에 보면서 사용할 수 있습니다.

Objet 앱

아래와 같이 사진을 선택하고 다양한 모양을 슬라이드하며 선택할 수 있습니다. 왼쪽 상
단을 눌러 배경색 선택 모드로 변경하면 스티커 바탕색을 선택할 수 있습니다.

사진뿐만 아니라 패턴을 만들어 편집하면 손쉽게 디지털 굿즈를 만들 수 있습니다.

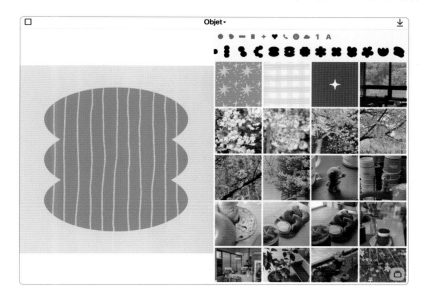

이처럼 사진과 함께 위클리를 채우면 손쉽고 이쁘게 일주일을 기록할 수 있습니다. Object 앱의 다양한 모양들을 활용해 사진을 편집해 보세요. 편집한 모양에 따라 자유롭게 배치하면 훨씬 더 다양하게 꾸밀 수 있습니다.

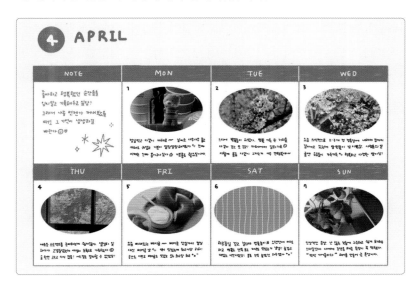

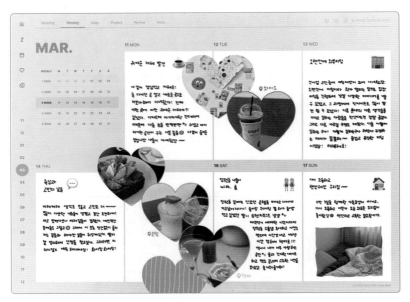

Object 앱으로 사진을 스티커처럼 활용하기

🖋 직접 그린 아이콘으로 데일리 꾸미기

하루 단위의 기록은 어떻게 꾸미면 좋을까요? 대부분의 사람들은 비슷하게 반복되는 일상을 살아가기 때문에, 매일 쓰는 데일리 다이어리를 일일이 꾸미려면 번거롭고 부담스러울 수도 있습니다. 데일리도 위클리처럼 사진을 이용해 기록하는 등 다양한 구성을 고민해 볼 수 있지만 쉽고 간편하게 기록할 수 있어야 합니다. 그래서 직접 그린 키워드 아이콘으로 하루를 정리해 보겠습니다.

굿노트에서 아이콘 만들기

01 데일리를 확대한 후 작성할 것을 떠올리며 어울리는 아이콘을 그려 보세요.

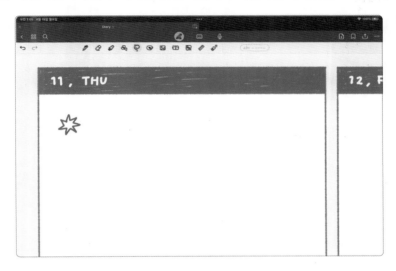

02 아이콘을 그렸다면 [올가미] 툴로 그린 아이콘을 선택합니다. 이제 아이콘을 한 번 더
터치해 메뉴 중에서 [그래픽 추가]를 누릅니다.

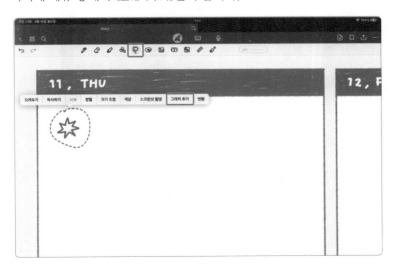

03 첫 번째에 있는 [새로운 컬렉션] 을 눌러 주세요.

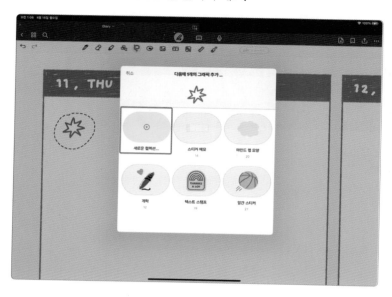

04 아이콘 묶음을 대표할 타이틀을 정하고 입력해 주세요.

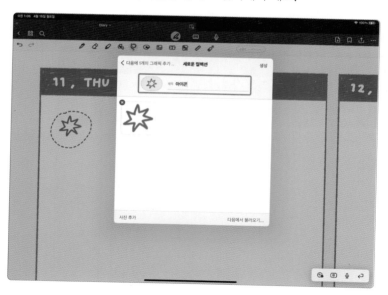

05 이 방법을 반복해서 아이콘을 그려서 그래픽에 추가해 주세요. 추가된 아이콘을 이제 스티커처럼 사용할 수 있습니다.

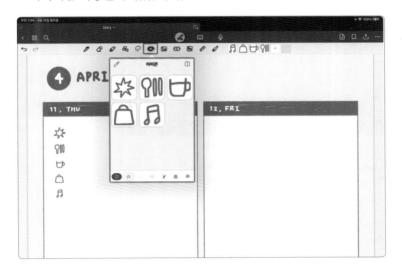

06 아이콘과 어울리는 내용을 작성하고 이 내용을 포인트로 하루를 돌아보고 짧은 일기를 작성합니다. 다음날에 아이콘을 다시 사용하려면 상단의 [그래픽] 버튼을 누르고 열어서 꺼낼 수 있습니다.

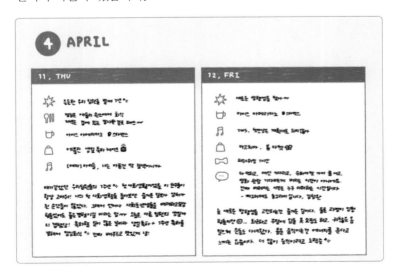

이처럼 다양한 아이콘을 그려서 그래픽으로 등록하면, 날마다 기록하고 싶은 키워드만 꺼내서 한눈에 볼 수 있게 꾸미면서 기록할 수 있습니다. 예를 들어 매일의 감정을 아이콘으로 기록한다면 다양한 표정을 짓는 얼굴들을 그려도 좋겠죠? 아이콘을 활용해 데일리를 기록하면 어떤 데일리 페이지도 각자의 취향껏 꾸밀 수 있어요!

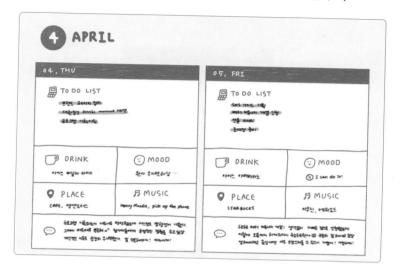

독자 여러분의 응원과 채찍질을 받아 더 나은 책을 만들 수 있도록 도와주시기 바랍니다.